목사, ── 그리고 목사직

믿음이란 한 알의 밀알이 땅에 떨어져 죽음으로 많은 열매를 맺음과 같이
진리의 열매를 위하여 스스로 죽는 것을 뜻합니다. 눈으로 볼 수는 없으나
영원히 살아 있는 진리와 목숨을 맞바꾸는 자들을 우리는 믿는 이라고 부릅니다.
「믿음의 글들」은 평생, 혹은 가장 귀한 순간에 진리를 위하여 죽거나 죽기를 결단하는
참 믿는 이들의, 참 믿는 이들을 위한, 참 믿음의 글들입니다.

목사, 그리고 목사직

목사가 목사에게 던지는 7가지 질문

이재철 지음

홍성사

차례

질문에 들어가며

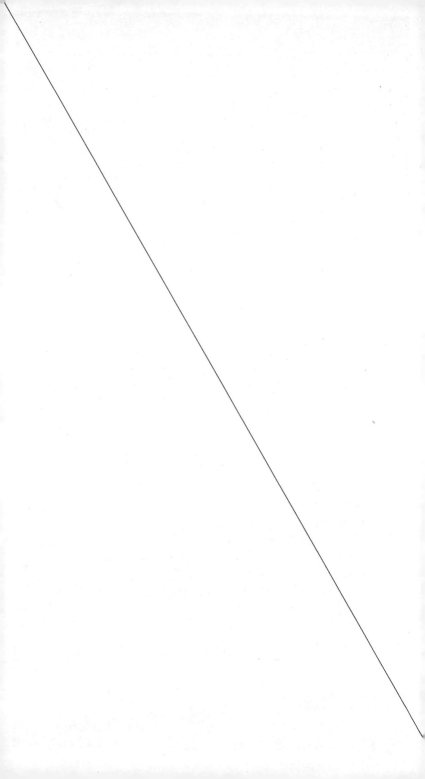

100주년기념교회를 퇴임하고 거창으로 낙향한 날이 2018년 11월 18일이었다. 그 이후부터 언젠가 짬이 나면, 거창에서 그리 멀지 않은 합천 해인사를 찾아가 보고 싶었다. 이십 대 청년 시절에 한 번 가본 적이 있는 해인사의 이정표가 거창 인근의 도로에서 자주 눈에 띄었기 때문이다. 마침 2019년 4월 과테말라에서 대구국제공항에 도착하여 거창으로 돌아오는 길에 해인사 이정표가 다시 눈에 들어왔다. 나는 마치 해인사와 약속이라도 한 듯, 해인사 이정표가 가리키는 방향으로 핸들을 꺾었다.

해인사는 과연 천년 고찰의 무게와 깊이를 고이 간직하고 있었다. 수령이 족히 수백 년은 되어 보이는 노송들의 초탈한 자태도 예사롭지 않았다. 마침 계곡 옆에 사리 잡은 찻집으로 들어갔다. 오십 대의 찻집 주인은 해인사 마을에서 태어나고 자란 여성이었다. 그분이 어릴 적에 친구들과 백련암(白蓮庵)을 찾아가면, 성철 스님이 언제나 반가워하며 사탕을 주셨다고 한다. 당시 외딴 마을에서는 구경조차 하기 어려운 사탕이었다. 그래서 소녀는 사탕이 먹고 싶으면 한 시간 길을 멀다 않고 백련암을 찾았고, 성철 스님은 그 소녀를 한 번도 실망시키지 않고 매번 사탕을 주셨다. 성인이 된 그분은 결혼과 동시에 서울로 이주하였다. 그러나 세월이 흘러도 해인사의 숨결은 지워지지 않았다. 오히려 그분의 마음속에서 더욱 생생하게 되살아나기만 했다. 결국 그분은 자식을 결혼시킨 후 남편의 양해하에, 십 년 전부터 해인사로 내려와 찻집을 운영하고 있는 중이었다. 해인사에 오랫동안 살아온 그분은 많은 스님들의 일화를 알고 있었다. 내가 그분에게 물었다. "요즈음 스님들은 어떠세요?" 오히려 그분이 나에게 반문했다. "요즘 중 냄새 나는 스님이 어디 있나요?"

그렇다. 중은 속세를 떠난 수행자다. 그러므로 중한테는 속세의 냄새를 풍기는 속인과 다른 냄새가 나야 한다. 언제부턴가 '스님'을 자처하는 중들이 많아졌다. 중이 자기 자신을 '스님'이라 부르는 것이다. 이것은 목사가 자기 자신을 '목사님'이라고 높여 부르는 것처럼 우스꽝스러운 일이다. '스님'은 '스승님'의 준말이다. 이것은 다른 사람이 중에게 존경을 표할 높임말이지, 중이 자기 자신을 가리켜 칭할 호칭은 아니다. 그런데도 스스로 '스승님'이라 높여 불림을 당연하게 여기는 '스님'한테는 중생을 구하기 위해 수행하는 중 냄새가 나기 어려울 것이다.

목사는 황제의 길이 아니라, 주님께서 걸어가신 십자가의 길을 좇는 사람이다. 그러므로 목사한테는 황제의 길을 좇는 세상 사람들과는 구별된, 전혀 다른 냄새가 나야 한다. 그러나 현실은 어떤가? 그대와 나 자신을 포함하여, 이 시대의 목사들에게는 과연 목사 냄새가 나고 있을까? 교인들이니 세상 사람들 보기에, 흔해 빠진이 시대의 목사들 가운데 목사 냄새가 나는 목사는 대체몇 명이나 될까? 이 질문에서부터 이 책의 여정은 시작된다.

나는 목사가 되기 훨씬 이전부터, 모태신앙으로 태어나 어머니의 손에 이끌려 교회에 다니기 시작한 이래, 지난 칠십여 년 동안 수많은 목사들을 만났다. 교인이 몇 명뿐인 작은 개척 교회 목사부터 교인이 수만 명에 달하는 대형 교회 목사에 이르기까지, 그리고 신학박사부터 무인가 신학대학 출신까지, 각양각색의 목사들을 다양한 자리에서 만났다. 그때마다 내 마음속에는 많은 질문들이 솟구쳐 올랐다. 내가 목사가 되어 목사직을 수행하기 시작하면서부터는, 그 질문들은 곧 나 자신에 대한 질문들이기도 했다. 그 질문들을 정리한 것이 《목사, 그리고 목사직》이다.

이제 그대가 이 글을 읽으므로 나의 질문은 그대와 나, 즉 우리의 질문이 되었다. 질문하는 사람만 답을 얻을 수 있기에, 주님께서 우리의 질문에 친히 답해 주시기를 간구하는 마음으로 이 책을 쓴다.

우후죽순처럼 신학교가 난립하고 있는 우리나라에서 목사가 되는 것은 조금도 어려운 일이 아니다. 그러나 목사가 목사직을 올곧게 수행하는 것은 결코 쉬운 일이 아니다. 필요한 과정만 거치면 누구나 목사가 될 수 있지만, 올곧은 목사직 수행은 예수님의 길을 자신의 삶으로 좇는 목사에게만 가능하다. 신학교를 졸업하고 안수받기만 하면 이내 올곧은 목사직 수행이 가능하다고 믿는 목사가 많을수록, 한국 교회의 미래는 더욱 암담할 것이다.

요즈음 '코로나바이러스감염증-19'(COVID-19)의 광풍으로 온 세계가 올 스톱 상태의 위기에 직면하였고, 그 와중에 세계의 교회들마저 온라인으로 예배를 드리는 미증유의 사태가 벌어지고 있다. 그러나 돌이켜 보면, 세계적인 위기는 늘 새로운 세계 질서와 새 시대의 서곡이었다. 그런 의미에서 현재의 세계적 위기는 교회의 미래에도 여러 면에 걸쳐 엄청난 변화를 초래할 것이다. 그리고 교회의 역사는 앞으로 '코로나바이러스감염증-19' 이전과 이후로 나누어지게 될 것이다. 하지만 그어떤 예기치 못한 상황이 전개되든, 목사직을 올곧게 수행하는 목사만 끝까지 목사 냄새 나는 목사로 살아남을 것이다. 구약 시대와 신약 시대를 총망라하여 지난 수천년 동안 그래 왔던 것처럼 말이다.

만약 그대가 지금까지 온갖 악조건 속에서도 주님 걸어가신 길을 좇아 올곧은 목사직 수행을 위해 몸부림쳐 왔다면, 그대가 이 책을 읽는 동안 주님께서 그대에게 그렇게 살아갈 수 있는 은혜와 용기와 힘을 내려 주시기를 기도하며 자판을 두드린다.

2020년 3월

거창 서사집에서

나는 지금,
왜 목사로
살고 있는가?

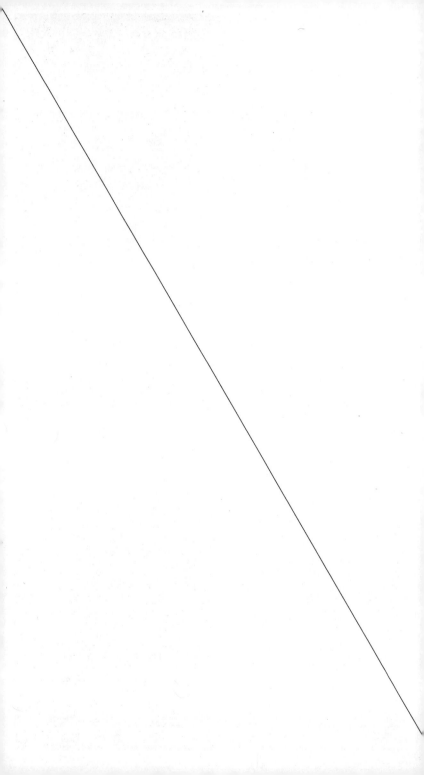

그대는 지금, 왜 목사로 살고 있는가? 그대 외부의 필요를 위함인가? 다시 말해 하나님의 필요, 또는 교인들의 필요를 위함인가? 아니면 그대의 필요에 따른 그대 자신의 유익을 위함인가? 그대는 하나님의 뜻을 위해 하나님에 의해 목사로 사용되고 있는가, 혹은 그대 자신의 유익을 위해 하나님과 목사직을 이용하고 있는가? 그대에게 목사직은 소명인가, 아니면 가장의 책임을 다하거나 세속적 야망을 이루기 위한 수단인가?

너희 몸은 너희가 하나님께로부터 받은 바 너희 가운데 계신 성령의 전인 줄을 알지 못하느냐 너희는 너희 자신의 것이 아니라 값으로 산 것이 되었으니 그런즉 너희 몸으로 하나님께 영광을 돌리라(고전 6:19-20).

목사의 몸은 목사의 것이 아니다. 목사의 몸은 주님께서 당신의 십자가 핏값으로 사신 주님의 것이어야 한다. 그대의 몸은 하나님의 영광을 위한 주님의 도구로 선용되고 있는가, 아니면 그대 자신의 영광과 욕망을 위한 도구로 악용되고 있는가?

1998년 주님의교회에서 십 년 임기를 마치고 스위스의 제네바한인교회로 떠나기 전, 잠시 미국에 들렀을 때다. 미국 서부에 위치한 어느 도시의 한인 교회에서 주일예배를 드렸다. 예배가 끝난 뒤, 그 교회 담임목사와 한 식탁에서 점심 식사를 하였다. 그는 묻지도 않았는데, 자신은 한국 모 신학대학 총장이었다고 자신을 소개했다. 이름이 생소한 신학대학이었다. 게다가 그의 나이가 아주 젊어 보여, 그가 언급한 신학대학이 국내 메이저 교단에 속한 것은 아닌 것 같았다. 하지만 그는 신학대학 총장 출신이란 자신의 경력에 대해 큰 자부심을 지니고 있었다. 그는 아내가 자녀 교육을 위해 미국 이주를 원했고, 자신도 자녀들을 위해서는 그게 낫겠다는 판단이 들어 신학대학 총장직을 사임하고, 이렇게 미국에서 한인 목회를 한다고 했다. 그리고 미국에서 지낼수록, 역시 그렇게 하길 잘했다는 생각이 든다고 했다. 그는 내가 곧 스위스로 떠날 예정인 것을 알고 있었다. 그는 나더러 자식들을 위해 잘 생각했다며 칭찬 아닌 칭찬까지 해주었다. 그는 제네바한인교회가 목회자의 사례비도 제대로 주지 못하는 미자립 교회라는 것도, 그래서 내가 가족을 서울에 남겨 두고 홀로 제네바로 떠날 예정인 것도 모르고 있었다.

그때 내가 한국보다 사정이 열악한 아프리카로 가야 했다면, 나는 응당 선교후원회의 도움을 받아 가족과 동행하였을 것이다. 가족은 기본적으로 함께 사는 것이 원칙이기 때문이다. 하지만 스위스는 세계 최고의 선진국이요, 세상 사람들이 가장 살고 싶어 하는 나라다. 만약 내가 그 부유한 선진국으로 아내와 어린 네 아이들과 함께 갔다면, 제네바한인교회 교인들이 어떻게 생각했을까? 그분들은 교회 재정이 어려워 사례비를 제대로 지불할 수 없으므로, 가족을 두고 혼자 제네바로 와서 삼 년 동안 자신들을 도와주기를 내게 요청했었다. 그런 마당에 내가 선교후원회를 구성하여 아내와 네 아이들을 대동했다면, 그분들의 눈에는 내가 어린 자식들 교육을 위해 최고 선진국을 선택한 것으로 보이지 않겠는가?

목사의 재산은 교인들의 신뢰다. 그리고 교인들의 신뢰는 목사의 삶으로 입증된다. 주님의교회에서 임기를 마친 내가 제네바로 가기로 한 것은, 이십 년 동안 단 한 번도 담임목사를 세우지 못한 미약한 제네바한인교회의 요청을 주님의 명령으로 받아들였기 때문이다. 그래서 나는 재정 지원을 100퍼센트 책임질 테니 가족과 동행하라는 주님의교회 호의를 사양하고, 제네바한인교회가 요청한 대로 가족을 서울에 남겨 두고 홀로 제네바로 가기로 한 것이었다.

그런데도 나 역시 으레 자녀 교육을 위해 가족과 함께 스위스로 가는 것으로 단정하고 나에게 칭찬까지 하는 미국 서부 한인 교회의 그 목사를 보면서, 나는 그가 담임하는 교회 교인들이 한없이 측은하다는 생각이 들었다. 그는 신학박사에 신학교 총장 출신으로 포장한 목사의 직함을 지니고 있었다. 하지만 그는, 부름받은 소명인은 아니었다. 그에게 하나님과 교인들은 전혀 우선순위가 아니었다. 그의 최우선순위는 자녀 교육이었다. 그에게는 하나님도, 교인들도, 목사직도, 보다 나은 자녀 교육을 위한 수단에 지나지 않았다. 자녀 교육이 끝나면, 그는 자신의 또 다른 필요를 위해 하나님과 목사직을 이용할 것이 뻔하다.

그런 목사는 좋게 말하면 보다 나은 직장을 찾아 옮겨 다니는 직업인이요, 나쁘게 표현하면 하나님과 교인들을 이용하는 종교 장사꾼이다. 그런 목사를 통해 거룩하신 삼위일체 하나님께서 역사하시지 않을 것은 자명하지 않은가? 자신들이 이용당하는 줄도 알지 못한 채, 그런 종교 장사꾼을 담임목사로 믿고 따르는 선량한 교인들을 생각하면, 지금도 가슴이 마구 저민다.

내가 섬기던 100주년기념교회는, 제3세계 선교사에 대한 지원 여부를 결정하는 몇 가지 원칙을 갖고 있다. 그 가운데 하나가, 해당 선교사가 자녀 교육을 어디에서 시키고 있는지 확인하는 것이다. 100주년기념교회는, 선교 후원자들의 후원금으로 자기 자녀를 선진국에 조기 유학시키는 제3세계 선교사는 후원하지 않는다. 제3세계 사람들과 자신의 삶을 나누기를 자원한 선교사라면, 그가 현지인과 나누려는 삶 속에는 응당 자녀 교육도 포함되어야 한다. 자녀가 고등학교를 졸업하고 대학 진학을 스스로 선택할 나이가 이르기 전까지는, 선교사는 자기 자녀를 현지의 아이들과 함께 교육시켜야 한다. 제3

세계 사람들을 사랑한다면서도 자기 자녀 교육만은 현지 교육을 기피한다면, 그런 선교사가 내세우는 사랑은 과연 누구를 위한 사랑인가? 편법을 써서라도 어린 자녀를 조기 유학시키는 부모와 무슨 차이가 있을 수 있겠는가?

100주년기념교회는 모든 교직원들의 자녀 학비를 초등학교에서부터 대학 졸업까지 전액 부담한다. 그러나 어린 자녀를 조기유학시키거나, 대학생 자녀를 선진국에 유학시키려는 교직원의 경우에는 모두 본인 부담이다. 목사가 교인들을 사랑하는 것은 절대다수의 교인들과 대등한 삶을 사는 것이다. 목사가 교인들의 헌금으로 특권층처럼 살려 해서는 목사직을 올곧게 수행할 수 없다. 교인들의 헌금으로 살아가는 목사가 절대다수의 교인들과 대등하게 자녀를 교육시키는 것은 스스로 교인 사랑을 확증하는 것이다.

적잖은 목사들과 선교사들이, 부름받은 사람은 목사와 선교사일 뿐 자식은 아니라는 논리를 내세운다. 정말 그런가? 그것이 과연 부름받은 소명인이 내세울 주장이고 논리일 수 있는가? 개신교 목사나 선교사가 그렇게 주장하는 것은, 독신으로 살아가는 가톨릭 신부나 수녀보다 못한 존재임을 스스로 인정하는 것이다. 가톨릭 신부였던 마르틴 루터가 독신주의를 청산하고 수녀 출신 폰 보라와 결혼하여 가정을 일군 것은, 저마다 자기 소견에 옳은 대로 살기 위함이 아니었다. 마르틴 루터는 그리스도인의 가정은 주님의 사랑을 세상에 보여 주는 통로라는 관점에서, 누구보다 가정의 중요성을 강조하였다. 주님 안에서 동일한 신앙관과 가치관을 지닌 가족으로 어우러진 가정보다 주님의 사랑을 보여 주기에 더 좋은 통로는 없다.

사도행전 3장에는 사도 베드로와 선천성 하반신마비자 걸인이 등장한다. 성전 미문 앞에 앉아 있던 선천성 하반신마비자 걸인이 베드로에게 구걸하였다. 돈을 요구한 것이다. 베드로에게는 동전 한 닢 없었다. 그렇다고 베드로에게 줄 수 있는 것이 아무것도 없는 것은 아니었다. 베드로의 심령 속에는, 걸인이 요구한 세상의 은금과는 비교도 할 수 없는 주님께서 좌정하고 계셨다. 베드로는 다음과 같은, 그 유명한 선언과 함께 선천성 하반신마비자 걸인의 손을 잡아 일으켰다.

은과 금은 내게 없거니와 내게 있는 이것을 네게 주노니 나사렛 예수 그리스도의 이름으로 일어나 걸으라 (행 3:6).

그 순간, 날 때부터 하반신마비자였던 걸인, 태어난 이래 단 한 번도 일어서 본 적이 없었던 걸인이 벌떡 일어나 걸었다. 베드로를 통로로 삼아 주님께서 친히 역사하신 결과였다.

그때 베드로는 총각이 아니었다. 베드로는 결혼하여 아내와 함께 장모를 모시고 사는 가장이었다(마 8:14-15). 베드로가 허구한 날 갈릴리 바다에서 그물질하는 어부로 살았던 것도, 가장으로 식솔을 먹여 살리는 경제적 책임을 다하기 위해서였다. 한마디로 돈을 벌기 위함이었다. 그 베드로가 주님을 만난 이후, 유일한 생계 수단이었던 배와 그물을 버렸다. 그물질로 돈 벌기를 포기한 것이다.

그때 만약 베드로의 아내가 베드로의 발목을 잡았더라면 어떻게 되었을까? 왜 돈을 벌어 오지 않느냐고, 우리도 다른 사람들만큼 배부르게 살자고, 다른 집처럼 우리 자식들에게도 좋은 교육 시키자며 계속 베드로를 닦

달했다면 어떻게 되었을까? 그때에도 베드로가 성전 미문 앞 선천성 하반신마비자 걸인에게 '은과 금은 내게 없거니와 내게 있는 이것을 네게 주노니 나사렛 예수 그리스도의 이름으로 일어나 걸으라'고 당당하게 선언할 수 있었겠는가? 또 주님께서 그 선천성 하반신마비자 걸인을 일으키는 당신의 통로로 베드로를 사용하셨겠는가? 가장이었던 베드로가 더 이상 은과 금이 아니라 오직 주님을 위해 그의 일생을 바칠 수 있었던 것은, 그의 아내가 베드로와 동일한 신앙관과 가치관으로 가장의 부재로 인한 곤궁을 기꺼이 감수하였기에 가능하였다. 주님께서 베드로 한 개인이 아니라 베드로 부부, 베드로의 가정을 당신의 통로로 사용하신 것이다.

강원도 황지(현 태백시)에 소재한 예수원은 한국 개신교가 자랑하는, 마르지 않는 영성의 샘이다. 그곳에서 솟아나는 영성의 샘물은 오늘날에도 많은 그리스도인들의 심령을 새롭게 소생시켜 주고 있다. 예수원이 우연히 그렇게 된 것은 아니다. 1965년 성공회의 토레이 신부 부부가 강원도 태백 황지에 예수원을 설립할 때, 그곳은 대한민국 오지 중의 오지였다. 전교생이 열 명도 되지 않는 분교가 그곳의 유일한 학교로, 교사는 단 한 명뿐이었다. 토레이 신부 부부는 미국인이었다. 자신들은 황지의 예수원에서 살더라도, 다른 외국인 선교사들처럼, 어린 자식들은 얼마든지 서울 소재의 외국인학교에서 교육시킬 수 있었다.

그러나 토레이 신부 부부는 그렇게 하지 않았다. 그들은 그들의 새로운 소명지인 황지 사람들이 하는 대로, 그들의 어린 자녀들을 현지 분교에 입학시켰다. 토레이 신부 부부에게는, 부름받은 사람은 우리 부부일 뿐 우리 자식들이 부름받은 것은 아니란 생각은 아예 없었다. 황지 사람들을 사랑한 토레이 신부 부부가 자기 자식들로 하여금 현지 분교에서 현지 아이들과 어울리며 살게 한 것은 전혀 고민할 일이 아니었다.

주님께서 그 토레이 신부 부부와 예수원을 통해 영적 마비자와 같은 한국 교회와 그리스도인들을 소생시키고 계시는 것은, 주님께서 베드로 부부를 통로로 삼아 선천성 하반신마비자를 일으켜 세우신 사실을 믿는 사람에게는 조금도 놀랄 일이 아니다. 그러므로 목사나 선교사가, 부름받은 것은 자신이지 가족이나 자식이 아니라고 주장하는 것은, 베드로 부부와 토레이 신부 부부 앞에서는 성립될 수도 없는 궤변이다.

그대 역시 혹 그대의 자식을 세상 부모들처럼 키우기 위해, 내가 목사로 부름받았지 내 자식이 부름받은 것은 아니라는 궤변을 늘어놓고 있는 것은 아닌가? 그러나 잊지 말라. 그대 혼자 주님의 부르심을 받은 것은 아니다. 주님께서는 그대의 배우자와 자식들을 그대와 함께 부르셨다. 주님께서 가톨릭 신부와는 달리, 목사인 그대에게 가정을 일구게 하신 까닭이 거기에 있다. 목사의 가정은 주님의 진선미를 세상에 보여 주는 주님의 통로다. 만약 그대의 가정이 주님의 통로가 아니라면, 그대가 지금 목사로 살고 있는 까닭은 무엇인가?

요즈음 웬만한 목사 연봉은 온갖 명목의 수당을 다 합쳐 예사로 일 억이 넘는다. 교회를 떠날 때는 전별금 명목으로 10~20억 원, 혹은 그보다 훨씬 많은 금액의 돈을 받기도 한다. 교인 수가 천 명도 되지 않는 모 교회에서는, 원로목사가 요구한 이십 억이 넘는 전별금을 해결하기 위해 그 교회 장로들이 자신들의 집을 담보로 은행 대출을 받았다는 이야기도 들었다. 거액의 전별금과 사택 외에도 죽을 때까지 사무실과 자동차 유지비를 받는 목사들, 후임자 사례비에 상응하는 금액을 매달 수령하는 목사들도 적지 않다. 나의 과문 탓인지는 몰라도 나는 칠십여 년의 인생을 살아오면서, 대한민국에서 교회 이외의 그 어떤 공적 조직에서 이런 어처구니없는 일이 일어나고 있다는 이야기를 지금껏 들어 본 적이 없다.

다음은 누가복음 9장 57-58절의 증언이다.

> 길 가실 때에 어떤 사람이 여짜오되 어디로 가시든지 나는 따르리이다 예수께서 이르시되 여우도 굴이 있고 공중의 새도 집이 있으되 인자는 머리 둘 곳이 없도다 하시고

예수님께서는 당신을 따르겠다는 사람의 속마음을 꿰뚫어 보셨다. 그가 자신의 입신양명을 위해 주님을 좇으려는 것이었다. 주님께서는 그에게 여우나 새보다도 못한 당신의 형편을 일러 주셨다. 자신의 입신양명을 위해서라면 아예 주님을 좇지도 말라는 주님의 질타였다. 오늘날 한국 교회에서 주님의 그 질타에 자유로울 수 있는 목사는 몇 명이나 될까?

《인간의 일생》이란 제목의 책에서 나는 '퇴장은 등장'이라고 정의하였다. 한 인간의 퇴장은 그와 관련된

모든 것의 종결이 아니라, 그 인간이 어떤 인간인지 비로소 입증되기 시작한다는 의미에서 새로운 등장이다. 일반인은 상상조차 못할 거금의 전별금을 움켜쥐고 목회 현장에서 떠나는 목사의 퇴장은, 그가 일평생 추구해온 것이 사실은 맘몬이었음을 온 천하에 공표하는 새로운 등장이다. 그와 같은 퇴장과 등장은, 그가 일평생 외친 설교가 무의미한 공기의 진동에 지나지 않았음을 웅변하고 있다. 일평생 목사로 살고서도 하나님 앞에서 그런 식으로 퇴장하고 등장하는 것보다 더 어리석은 짓은 없다.

나는 《인간의 일생》에서 '공생과 자립'에 대해서도 언급하였다. 그리스도인의 삶의 궁극적인 목표는 '네 이웃을 네 자신과 같이 사랑하라'(마 22:39)는 주님의 명령에 따라, 주님 안에서 이웃과 더불어 공생하는 것이다. 이것은 그리스도인이라면 누구나 알고 있는 명제다. 그러나 공생의 전제가 자립이라는 사실을 알고 있는 그리스도인은 흔치 않다. 자립인에게만 공생이 가능하다. 자립하지 못한 사람은 타인과 공생이 아니라, 일평생 누구에겐가 기생하여 살기 마련이다. 기생과 공생은 결코 같은 말이 아니다. 그러므로 공생을 지향하는 그리스도인에게 자립은 필수적인 덕목이다. 자립인으로 살아가기 위해서는 경제적 자립, 행위의 자립, 의식의 자립, 영적 자립이 한데 어우러져야 한다. 여기에서는 경제적인 자립에 대해서만 다시 간략하게 생각해 보기로 하자.

그리스도인의 경제적 자립이란 흔히 오해하듯이, 자신이 욕구하는 만큼의 경제력을 획득하고 소유하는 능력을 의미하지 않는다. 성경이 우리에게 일깨워 주는 경제적 자립은, 주어진 경제적 상황에 자신을 맞추어 넣는 능력이다. 경제적 자립을 자신이 욕구하는 경제력 획득으로 인식하는 사람은, 그의 직분이 무엇이든, 결과적으로 돈의 노예로 전락할 수밖에 없다. 욕구의 충족은, 반드시 보다 더 큰 욕구를 배태하는 까닭이다. 그런 사람에게 하나님은, 자신이 욕구하는 경제력 획득을 위한 수단 이상일 수는 없다. 그리스도인은 주어진 경제적 상황에 자신을 맞추어, 스스로 자족할 줄 아는 경제적 자립인이 되어야 한다. 그때에만 어떤 상황 속에서든 하나님을 하나님으로 모시고 살아갈 수 있다.

사도 바울은 경제력의 힘으로 온갖 환난과 도전과 시련을 극복한 것이 아니다. 그는 주리며, 목마르고, 여러 번 굶고, 춥고, 헐벗었을 정도로 빈한한 삶을 살았다

(고후 11:27). 그렇지만 바울은 그에게 능력 주시는 주님 안에서, 다시 말해 오직 주님의 능력을 힘입어 모든 것을 할 수 있었다(빌 4:13). 바울에게 그런 삶이 절로 주어진 것은 아니었다. 그것은, 바울이 어떤 형편과 맞닥뜨리든지 스스로 자족하기를 몸으로 체득한 결과였다(빌 4:11-12). 궁핍하고 핍절한 형편일망정, 그 형편에 자신을 맞추어 살아가는 삶이 그에게 체화되어 있었던 것이다. 그것이 어떤 경우에도 돈에 얽매이지 않는 바울의 경제적 자립이었다. 경제적 자립을 이룬 바울의 삶은 주님의 능력을 담는 그릇이었고, 주님의 능력을 힘입은 그는 언제 어디에서나 진정한 공생인으로 살아갈 수 있었다. 그 결과 그의 퇴장은 영원한 등장으로 이어졌다. 돈에 집착하는 목사는 돈으로 무엇이든 다 할 수 있다고 굳게 믿지만, 실은 돈 때문에 목사에게 가장 중요한 자신의 퇴장을 스스로 망쳐 버린다.

목사가 자신의 욕구가 필요로 하는 만큼의 돈을 얻고 싶다면, 차라리 돈을 버는 경제인으로 살아가는 것이 낫다. 돈을 좇아서는 올바른 목사직 수행이 가능할 도리가 없다. 목사가 거룩하신 하나님의 이름을 팔아 자신의 욕구를 충족시키는 것은 하나님을 부정하는 범죄 행위다. 목사가 교인들의 헌금으로 과도한 연봉을 받고, 거액의 전별금도 모자라 죽을 때까지 각종 경비를 교회에 요구하는 것은, 그 목사에게 주어진 경제적 상황에 자신을 맞추어 넣는 경제적 자립이 결여되어 있기 때문이다. 그런 목사의 삶이, 사도 바울처럼 주님의 능력을 담는 그릇이 될 수 있을까? 그런 목사가 바울처럼, 어떤 형편에서든 주님의 능력을 힘입어 참된 공생인으로 살아갈 수 있겠는가? 결코 아니다. 그가 자신의 욕구가 요구하는 돈을 얻은 만큼 돈보다 더 중요한 것을 이미 잃었거나, 조만간에 잃고 말 것이다. 늙어서 돈만 남은 목사보다 더 불쌍한 인간은 없다. 목사가 목사직을 이용하여 치부하는 것은, 하나님 앞에서 자신의 인생을 망가트리는 자해 행위다.

그대의 경우는 어떤가? 그대는 바울처럼, 주어진 형편에 자족하는 경제적 자립인으로 공생의 삶을 추구하고 있는가? 아니면 이미 세상의 조롱거리로 전락한 목사들처럼, 그대의 욕구가 필요로 하는 돈을 얻기 위해 그대 역시 하나님과 목사직을 이용하여 교회와 교인들에게 기생하고 있는가? 만약 후자라면, 그대의 퇴장이 어떤 등장으로 이어질 것인지는 불을 보듯 뻔하지 않은가?

그런데도 그대는 지금, 왜 목사로 살고 있는가?

목사 가운데에는 목회하면서 교회 경비로 박사학위를 취득하는 목사들도 많다. 대부분 학문과는 무관한 허울만의 박사학위다. 그런 박사학위를 취득하기 위해 일정 기간 목회를 등한시한다. 그렇게 취득한 박사학위가 신학의 깊이를 더해 주는 것도 아니고, 교인들을 더 사랑하게 하는 촉매제가 되는 것도 아니다. 오히려 교만의 앞잡이가 될 뿐이다. 그런데도 왜 수많은 목사들이 박사학위에 매달릴까? 신학교수에게는 반드시 학위가 필요하다. 신학자로서 신학의 정통성과 깊이를 확증받기 위함이다. 신학박사가 목회에 투신하는 것은 얼마든지 있을 수 있는 일이다. 그러나 목사가 목회를 등한시하면서까지 학문과는 무관한 허울만의 박사학위에 매달리는 까닭은 무엇인가? 교인을 위함인가, 혹은 자신의 세속적 명예를 위함인가?

교인들의 헌금으로 먹고사는 목사가 세속적 명예를 더하기 위해 목회를 등한시하면서까지 교회 경비로 박사학위를 취득하려 한다면, 그것은 목사의 윤리 문제다. 기업에서 봉급 받는 직원이 근무 시간에 사무실을 무단

이탈하여 오로지 개인의 명예를 위해, 그것도 회사 경비로 박사학위 취득에 몰두하는 것은 상상하기조차 어렵다. 그렇지만 대한민국의 목사 세계에서는 그와 같은 비윤리적인 처사가 아무렇지도 않게 횡행하고 있다. 주님 안에서 교인들을 사랑하며 교인들과 공생하는 참된 목회는 허울 좋은 학위가 아니라, 교인들을 위해 자기 자신을 아낌없이 내어 주는 목사의 삶으로만 가능하다.

베드로는 고기잡이로 생계를 이어 가는 어부였다. 우리말 성경에 따르면, 주님께서 베드로를 부르시며 '사람을 낚는 어부'가 되게 해주겠다고 약속하셨다(마 4:19). 하지만 이것은 적절한 번역이 아니다. 헬라어 원문에는 '낚는'이란 수식어가 붙어 있지 않을뿐더러, '사람'도 목적격이 아닌 소유격으로 기록되어 있다. 헬라어 원문에 의하면, 주님께서는 베드로에게 정확하게 '사람들의 어부'(ἁλιεῖς ἀνθρώπων)로 만들어 주겠다고 약속하셨다.

'사람을 낚는 어부'와 '사람들의 어부'는 결코 같은 말이 아니다. '사람을 낚는 어부'는 자기 자신을 위해 사람을 낚는 어부를 일컫는다. 바닷가의 어부가 힘들여 고기를 낚아 올리는 것이 자기 자신의 생계를 위함인 것과 동일하다. 그러므로 '사람을 낚는 어부'가 사람에게 행하는 모든 행위는 결과적으로 자신의 유익으로 귀결된다. 그에게 이 세상 사람들은 자신의 유익을 위한 수단에 불과할 따름이다. 반면에 '사람들의 어부'는 '사람들을 위한 어부', '사람들을 섬기는 어부'다. '사람들의 어부'가 행하는 모든 행위의 유익은 '어부' 자신이 아니라 그가 '섬기는 사람들'에게 돌아간다. 세상 사람들이 '사람들의 어부'를 위해 존재하는 것이 아니라, '사람들의 어부'가 세상 사람들을 위해 살아 숨 쉬는 것이다. 그동안 '사람들의 어부'를 잘못 번역한 '사람을 낚는 어부'가 한국 교회에 끼쳐 온 폐해를 생각하면 모골이 송연해진다.

주님께서는 베드로에게 자신의 유익을 위해 사람들을 마구 이용해도 좋을 '사람을 낚는 어부'가 아니라, 사람들을 위하고 섬기는 '사람들의 어부'로 만들어 주겠다고 약속하셨다. 베드로를 사람을 살리는 당신의 제자, 당신의 증인으로 삼아 주시겠다는 주님의 약속이었다. 하지만 주님께서는 베드로에게 직설적으로 '나의 제자' 혹은 '나의 증인'으로 삼겠다고 말씀하시지 않았다. 주님의 표현은, 베드로를 '사람들의 어부'로 만들어 주시겠다는 것이었다. 주님께서는 왜 그런 표현을 사용하셨을까? 다른 사람은 몰라도, 평생 어부로 살아온 베드로는 주님의 그 말씀을 정확하게 이해할 수 있었기 때문이다.

뛰어난 지능을 지닌 어부라 해도, 어부가 머리로만 고기를 잡을 수는 없다. 어부가 달변이라고 입으로 고기를 잡을 수 있는 것도 아니다. 어부가 고기를 잡기 위해서는 손과 발을 포함하여, 자신의 온몸을 사용하지 않으면 안 된다. 이것이 주님께서 베드로에게 '사람들의 어부'라고 말씀하신 까닭이다. 주님께서 붙여 주신 사람들을 위해 베드로가 자신의 머리끝에서부터 발끝까지 온몸을 사용하지 않는 한, 자신의 온 삶을 던지지 않는 한, 베드로에게 주님의 제자 혹은 전도자로 살아갈 다른 길은 없었다.

허울뿐인 학위는 머리가 아니라 돈으로도 받을 수 있고, 설교는 입만으로도 할 수 있다. 그러나 그대가 주님의 사랑과 생명을 교인들과 함께 나누는 참된 목사로 살기 원한다면, 그대는 반드시 그대의 온몸과 온 삶을 동원하지 않으면 안 된다. 그대가 무엇보다 먼저 '사람들의 어부'가 되어야 한다는 말이다. 주님께서도 영이신 하나님의 사랑과 생명을 인간에게 온전히 보여 주시기 위해서는 세상의 학위가 아니라, 인간의 몸을 필요로 하셨다. 그래서 주님께서는 동정녀 마리아를 통해 인간의 몸을 입고 이 땅에 오셨고, 십자가 위에서 당신의 온몸으로 인간의 첫값을 대신 치르는 사랑과 생명의 제물이 되어 주셨다. 인간을 사랑하고 구원하시기 위한 제1호 '사람의 어부'가 주님이셨던 것이다.

주님께서 그렇게 하셨다면, 주님의 종으로 부르심을 받은 목사야 두말해 무엇하겠는가? 목사에게 '사람들의 어부'로 살아가는 것보다 더 중요한 것은 없다. '사람들의 어부'로 살아가는 목사라면, 그에게 목사라는 칭호 이외의 다른 수식어는 필요하지 않다. '사람들의 어부'로 살아가는 목사에게 목사보다 더 숭고하고 고결한 칭호는 없다.

나는 서울에서도, 제네바에서도, 미국에서도, 박사학위를 권유받았다. 하지만 나는 모두 사양하였다. 방탕의 늪에 빠져 있던 나를 핀셋으로 집어내어 목사로 세워주신 주님의 은혜를 생각하면, 나에게 '사람들의 어부'로 살아가는 것보다 더 중요한 일은 없기 때문이다. 그래서 나는 삼십여 년에 걸친 목회 기간 동안 '목사 이재철' 앞에 다른 수식어를 덧붙이거나 필요로 한 적이 없었다. 나의 코끝에서 호흡이 멎는 순간까지, 앞으로도 그렇게 살아갈 것이다.

그러나 이것을, 목사는 더 이상 공부할 필요도 없다는 식으로 오해하거나 곡해해서는 안 된다. 목사는 죽을 때까지 공부해야 한다. 목사의 서재는 영성의 골방인 동시에 학문의 골방이기도 해야 한다. 인간 이성의 절대화로 하나님을 상대화하여 인간의 본질을 망각한 채 '사람들의 어부'와는 무관한 추상적 관념 혹은 사변이 아니라, '사람들의 어부'로 살아 내게끔 견인해 주는 실천적 학문의 골방 말이다. 단지 경계할 것은, 교인들의 헌금으로 먹고사는 목사가 허울뿐인 학위를 좇느라 교인들을 위한 목회를 등한시해서는 안 된다는 것이다. 허울뿐인 학위로는 교인들과 삶을 나누는 '사람들의 어부'가 될 수 없다. 교인들이 하나님께 바친 소중한 헌금으로 목사를 먹여 살리는 것은, 목사가 주님을 본받는 '교인들의 어부'이기 때문이다. 목사가 세속적 명예욕을 채우기 위해 '교인들을 위한 어부'로 살기를 등한시한다면, 그렇게 태만하고 무책임한 목사가 어떻게 이 어둔 세상을 밝히고 맑히는 빛과 소금이 될 수 있겠는가?

그대의 경우는 어떤가? 그대는 지금 '교인들을 위한

어부'로 살고 있는가? 아니면 그대의 명예욕을 위해 허울뿐인 박사학위의 노예로 살고 있는가? 만약 그대가 후자에 속한다면, 그대는 한 가지 사실을 잊지 말아야 한다. 그대가 박사학위를 받고 기뻐하며, 교인들을 불러 감사예배를 드리고, 박사모와 박사 가운을 입고 찍은 대형 사진을 그대의 사무실에 걸어 두어도, 대부분의 사람들이 내심으로는 그대를 박사로 인정하지 않는다는 사실이다. 그대가 지금 왜 목사인지 날마다 자문하지 않는 한, 그대는 그대의 박사학위처럼 허울뿐인 목사로 끝날 것이다.

일평생 정치적으로 한 정파만 옹호하거나 대변하는 목사도 있다. 그가 과연 주님의 부르심을 받은 목사일 수 있을까? 주님께서는 매국노 세리 마태와 열심당원 시몬을 모두 당신의 제자로 불러 품으시지 않았던가? 그 주님을 머리로 모신 교회는 남녀노소, 빈부귀천, 좌와 우를 모두 아우르는 보편적 교회이어야 한다. 목사가 자신의 정치 성향에 따라 말하고 행동하는 것보다 더 쉬운 일은 없다. 그러나 그것은 자신에게 맡겨 주신 주님의 몸 된 교회를 정치결사대로 전락시키는 행위다. 목사가 자신의 정치 성향을 초월하여 좌와 우를 모두 품고 아우르는 것보다 더 어려운 일은 없지만, 목사는 반드시 그렇게 해야 한다. 목사는, 마태와 시몬을 모두 품어 주신 주님으로부터 모든 '사람들의 어부'로 부름받은 주님의 종이기 때문이다.

목사는 자기가치 구현이나 자아실현을 추구하는 사람이 아니다. 주님께서는 당신을 따르려면 먼저 '자기를 부인'하라고 명령하셨다(마 16:24). 주님의 부르심을 받은 목사는 먼저, 자기가치 구현이나 자아실현의 욕구를 떨쳐 버려야 한다. 그래야 마태와 시몬을 모두 품는 '사람들의 어부'로 살아가는 목사가 될 수 있고, 주님 안에서 모든 사람을 한데 아우르는 보편적 교회를 일굴 수 있다. 자신의 정치적 성향이나 이념을 주님의 말씀보다 우위에 두는 목사는, 차라리 목사직을 떠나 정치인으로 사는 것이 낫다. 어떤 의미에서든 소위 '정치 목사'는, 아무리 미화해도 '정치 목사'일 뿐이다.

우리는 사도신경을 통해 '거룩한 공회(공교회)'를 믿는다고 우리의 신앙을 고백한다. '거룩한 공회(공교회)'가 라틴어 원문에 'sanctam ecclesiam catholicam'(상땀 에클레시암 카톨리깜)이라고 기록되어 있다. '거룩한 보편적 교회'란 의미다. 그러므로 목사인 우리는 사도신경을 통해 우리가 목회하는 교회를 보편적 교회로 일구어 가겠다고, 다시 말해 목사인 우리 자신이 마태와 시몬을 모두 품고 아우르는 보편적 목사로 살겠다고 우리의 신앙을 고백하는 것이다.

그대가 사도신경으로 그대의 신앙을 고백할 때, '거룩한 공회(공교회)'를 믿는다는 그대의 고백은 형식적인 주문에 불과한가? 아니면 그대가 보편적 교회를 실천하고 있다는 고백적 선언인가? 이 질문에 대한 해답은 그대 스스로 확인할 수 있다. 그대가 목회하는 교회 교인들의 면면을 살펴보면 된다. 학력, 출신 지역, 직업, 이념, 재산 정도 등이 각각 다른 교인들이 한데 어우러져 있다면, 교인 수의 많고 적음을 떠나 그대가 목회하는 교회는 거룩한 보편적 교회임이 틀림없다. 그러나 교인 수가 많아도 특정 집단, 특정 계층, 특정 지역, 특정 이념에 편향된 교회라면, 그것은 그대 자신이 마태와 시몬을 모두 품고 아우르는 보편적 목사가 아닌 것을 뜻한다. 주님께서 몸소 보여 주신 보편성을 결여한 목사는 열심을 내면 낼수록, 사람들과 사회의 분열을 더욱 조장할 뿐이다. 그대 자신은 어떤 목사로 살고 있는가?

'나는 지금, 왜 목사로 살고 있는가?'라는 질문은 담임목사에게만 해당되는 질문이 아니다. 소위 '부목사들'에게도 해당됨은 두말할 나위도 없다. 그대는 지금, 왜 부목사로 살고 있는가?

(내가 목회한 100주년기념교회에서는 '부목사'란 용어를 사용하지 않는다. '부목사'의 사전적 의미는 '목사 다음 가는 직위'다. 즉 '부목사'는 아직 목사가 되지 못한 사람이란 의미다. 하지만 안수받은 목사는 하나님 앞에서 모두 동일한 목사다. 정목사와 부목사가 따로 있을 수는 없다. 있다면, 단지 역할과 책임의 구별이 있을 뿐이다. 그래서 100주년기념교회에서 담임목사 이외의 목사를 부목사가 아니라, 교구목사 혹은 전임목사로 부른다. 그러나 이 책에서는 독자의 편의를 위해 한국 교인에게 익숙한 용어인 '부목사'를 그대로 사용한다.)

그대가 교구를 담당하는 부목사라면, 그대는 새벽마다 그대의 교구에 속한 교인들을 위해 기도하고 있는가? 기도한다면, 얼마나 기도하는가? 그대는 그대 교구에 속한 구역장(속장)의 이름을 다 외우고 있는가? 그대는 그대 교구의 유고 교인들을 모두 파악하고, 정기적으로 개개인의 상태를 점검하고 있는가? 그대는 일주일에 평균 몇 가정을 심방하고 있는가? 그대는 교인 가정을 심방하기 전, 성령님께서 각 가정에 주시려는 말씀을 얻기 위해 얼마나 말씀과 씨름하고 있는가? 그대는 그대 교구에 속한 교인들과 일 년에 몇 번이나 직접 대면 혹은 전화 통화하는가? 그대는 그대 교구 교인들을 길에서 만나면 모두 알아볼 수 있는가? 그대는 담임목사가 보지 않는 시간이나 공간에서도 교구 교인들을 위해 그대 자신을 헌신하고 있는가? 그대는 그대 교구 교인들을 남녀노소, 빈부귀천 차별 없이 대하고 있는가? 그대가 교인들의 헌금으로 먹고사는 교구 목사인 한, 그대 시간의 최우선 순위가 그대 교구 교인들에게 있음을 알고 있는가?

그대가 행정을 담당하는 부목사라면, 교회 행정은 교인들을 섬기기 위한 교인들에 대한 배려임을 알고 있는가? 그러므로 그대는 각 교구를 뛰어넘어 전 교인을 조감하는 눈을 지니고 있는가? 그대는 전 교인의 지역별 분포와 연령별 분포를 정확하게 파악하고 있는가? 그대는 특정 연령대의 교인 비율이 현저하게 떨어질 경우, 그 원인을 분석하고 대안을 제시하는가? 그대는 모든 봉사 부서의 매뉴얼을 작성하고 정기적으로 보완하고 있는가? 그대는 신입 교인이 교회에 적응하기 쉽도록 신입 교인을 위한 매뉴얼을 작성하고 있는가? 그대는 교인들이 헌금 확인서나 세례증서와 같은 각종 서류를 간편하게 발급받을 수 있도록 관련 시스템을 적절하게 관리하고 보완하는가?

내가 교구 혹은 행정을 담당하는 부목사들에게 이렇게 질문하는 이유는 간단하다. 웬만한 기업에 속한 직장인에게는 이런 것이 기본이기 때문이다. 오늘날 목사가 세상의 조롱거리로 전락한 것은, 세상 사람들이 볼 때에 세상을 일깨워야 할 목사가 직장살이하는 자신들보다 못하기 때문이다. 그대는 내가 방금 제기한 질문들에 대해 자신 있게 그렇다고 대답할 수 있는가? 만약 아니라면, 지금 부목사 시절을 대충 때우고 있음이 분명한 그대가 담임목사로 청빙받을 경우, 일평생 어떤 수준의 담임목사로 살아갈 것인지는 쉽게 짐작할 수 있지 않은가?

그런데도 그대는 지금, 왜 부목사로 살고 있는가? 이 근본적인 질문에 자신을 되돌아보며 바르게 대답할 수 없다면, 그대는 머지않아, 그대가 여태껏 비판해 온 기성 목사와 똑같은 담임목사가 되어 있을 것이다. 시어머니를 욕하던 며느리가 어느새 시어머니와 똑같은 시어머니가 되어 며느리의 걸림돌이 되는 것은, 결코 남의 이야기가 아니다.

　지금도 한 해에 수천 명의 목사 후보생들이 배출되고 있다. 그로 인해 목사 수는 해마다 증가하는데, 거꾸로 각 교단의 교인 수는 해마다 감소하는 역현상이 몇 년째 이어지고 있다. 목사의 수요와 공급의 균형이 깨어져, 목사 공급 과잉 시대가 도래한 것은 벌써 오래전 이야기다. 각 교단 신대원마다 혁신적으로 원생 수를 감축하지 않는 한, 목사 공급 과잉의 폐해는 해마다 더욱 심화될 것이다. 지금 이 순간에도 사역지를 찾지 못한 목사들이, 그 수를 파악하는 것조차 불가능할 정도로 사방에 넘쳐나고 있다. 그 많은 목사들은 대체 어떻게 생존해야 하는가? 그들이 모두 목사로 생존하기 위해서는 이론적으로는, 그들이 교인들을 위해 존재하는 것이 아니라, 주객이 전도되어 교인들이 그들의 생존을 위해 존재해 주어야 하는 것은 아닌가? 몇 해 전부터 지원자 감소에 직면한 각 교단 신대원마다 정원 미달을 피하려 안간힘을 쓰고 있다. 각 교단 신대원의 정원 미달 염려는 무엇을 위한 염려인가? 한국 교회와 교인들의 미래를 위한 염려인가? 아니면 교직원 자신들의 생존을 위한 염려인가?

이런 시대 상황 속에서 목사로 살고 있는 그대에게 다시 묻는다. 그대는 지금, 왜 목사로 살고 있는가? 그대 외부의 필요를 위함인가? 바꾸어 말해 하나님의 필요, 또는 교인들의 필요를 위함인가? 아니면 그대의 필요에 따른 그대 자신의 유익을 위함인가? 그대는 하나님의 뜻을 위해 하나님에 의해 목사로 사용되고 있는가, 혹은 그대 자신의 유익을 위해 하나님과 목사직을 이용하고 있는가? 그대에게 목사직은 소명인가, 아니면 가장의 책임을 다하거나 세속적 야망을 이루기 위한 수단인가?

하나님께서는 이 순간에도, 이 땅의 모든 목사들을 향해 경고하고 계신다.

너희가 두어 움큼 보리와 두어 조각 떡을 위하여 나를 내 백성 가운데에서 욕되게 하여 거짓말을 곧이 듣는 내 백성에게 너희가 거짓말을 지어내어 죽지 아니할 영혼을 죽이고 살지 못할 영혼을 살리는도다(겔 13:19).

'두어 움큼 보리와 두어 조각 떡'을 위해 범죄하는

사람은, 요즈음 말로 하면 생계형 잡범이다. 생존을 위한 생계형 잡범은, 초범일 경우 사법기관이 정상을 참작해 주기도 한다. '두어 움큼 보리와 두어 조각 떡'을 위해 하나님을 욕되게 한 목사라면 생계형 잡범이라 할 수 있다. 하나님께서도 그런 생계형 잡범은 관대하게 다루어 주실 것 같다. 그러나 하나님께서는 그런 목사를 '죽지 않을 영혼을 죽이고 살지 못할 영혼을 살리는' 거짓 목사로 단정하셨다. 하나님은 어떤 경우에도 인간의 목적을 위한 수단으로 이용당하는 분이 아니시다. 그렇다면 '두어 움큼 보리와 두어 조각 떡' 정도가 아니라, 자신의 온갖 욕구와 야망을 위해 하나님을 한도 없이 이용하며 욕되게 하는 이 땅의 목사들을 하나님께서는 어떻게 판단하실까? 그대는 이미 그 답을 알고 있을 것이다.

현재와 같은 목사 공급 과잉의 기형적인 시대에, 서문에서도 언급한 것처럼, 과연 어떤 목사가 끝까지 살아남을 것인가? 두말할 나위도 없이, 짝퉁 목사가 아니라, 목사직을 올곧게 수행하는 진짜 목사만 끝까지 살아남을 것이다. 화려한 생화처럼 보이는 조화가 온 들판에 널려 있어도, 나비와 벌은 길모퉁이의 볼품없지만 진짜 꽃을 찾아가지 않는가? 그대가 하나님을 이용하여 떵떵

거리며 사는 짝퉁 목사가 아니라, 세상에서는 볼품없을 망정 주님의 말씀이 그대의 삶으로 육화되는 진짜 목사로 살아남기 원한다면, 그대는 지금부터 진지하게 날마다 자문하며 살아야 한다.

　—나는 지금, 왜 목사로 살고 있는가?

나는 출애굽기에 등장하는

두 목회자 가운데

어느 유형인가?

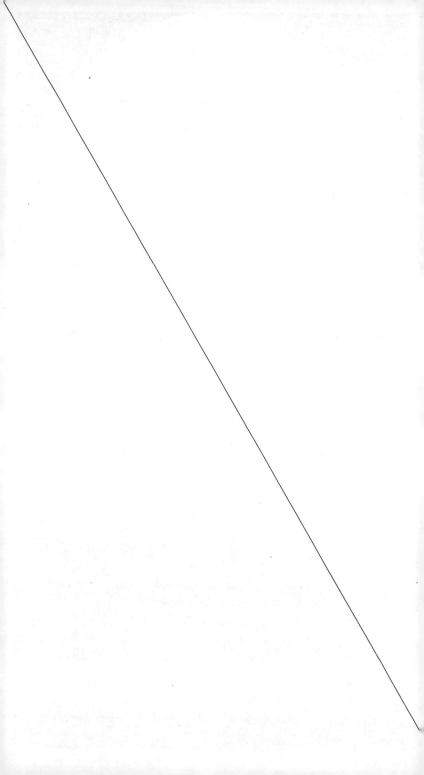

출애굽기에는 두 유형의 목회자가 등장한다.

첫 번째 유형의 목회자는 아론이다.

아론은 출애굽의 지도자인 모세의 친형이었다. 하지만 그가 출애굽기의 주요인물이 된 것은 단순히 모세의 친형이었기 때문만은 아니다. 하나님께서 모세에게 아론과 관련하여 다음과 같이 명령하셨다.

너는 이스라엘 자손 중 네 형 아론과 그의 아들들 곧 아론과 아론의 아들들 나답과 아비후와 엘르아살과 이다말을 그와 함께 네게로 나아오게 하여 나를 섬기는 제사장 직분을 행하게 하되, 네 형 아론을 위하여 거룩한 옷을 지어 영화롭고 아름답게 할지니 너는 무릇 마음에 지혜 있는 모든 자 곧 내가 지혜로운

영으로 채운 자들에게 말하여 아론의 옷을 지어 그를 거룩하게 하여 내게 제사장 직분을 행하게 하라(출 28:1-3).

아론이 출애굽기의 주요 인물이었던 것은, 그가 하나님에 의해 구별된 초대 대제사장이었기 때문이다. 하나님께서는 모세로 하여금 아론에게 별도의 거룩한 옷까지 만들어 입히게 하셨다. 아론이 백성과는 구별된 대제사장임을 가시적으로 확인시켜 주시기 위함이었다. 아론은 초대 대제사장으로서, 대제사장의 구별된 직무를 거룩하게 수행해야만 했다. 그것은 하나님의 명령, 하나님의 말씀을 철저하게 준수하는 것이었다. 하지만 목회 현장의 아론은 어떠했던가?

모세가 하나님으로부터 십계명을 받기 위해 시내산에 올라가 있을 때였다. 사백 년에 걸친 이집트의 노예살이에서 이스라엘 백성을 해방시킨 모세는 그들에게, 그들의 눈으로 볼 수 있는 하나님의 대리인과 같았다. 그 모세가 시내산으로 올라간 뒤엔 감감무소식이었다. 몇 날 며칠 정도가 아니라 몇 주가 지나도 모세가 되돌아올 기미가 보이지 않자, 이스라엘 백성은 너나없이 불안에 사로잡히기 시작했다. 그들은 눈으로 볼 수 있던 모세를 대체할 가시적인 형상을 필요로 했다. 그들의 필요는 간단하게 충족되었다.

아론이 그들에게 이르되 너희의 아내와 자녀의 귀에서 금 고리를 빼어 내게로 가져오라 모든 백성이 그 귀에서 금 고리를 빼어 아론에게로 가져가매 아론이 그들의 손에서 금 고리를 받아 부어서 조각칼로 새겨 송아지 형상을 만드니 그들이 말하되 이스라엘아 이는 너희를 애굽 땅에서 인도하여 낸 너희의 신이로다 하는지라 아론이 보고 그 앞에 제단을 쌓고 이에 아론이 공포하여 이르되 내일은 여호와의 절일이니라 하니 이튿날에 그들이 일찍이 일어나 번제를 드리며 화목제를 드리고 백성이 앉아서 먹고 마시며 일어나서 뛰놀더라(출 32:2-6).

이스라엘 백성은 더 이상 보이지 않는 모세 대신에, 이집트에서 익히 보아 왔던 금송아지를 새겨 만들었다. 이스라엘 백성이 요구하는 금송아지를 직접 새겨 만든 사람은, 놀랍게도 초대 대제사장 아론이었다. 이스라엘 백성은 아론의 손으로 만들어진 금송아지를 보고 감격하여 '이스라엘아, 이는 너희를 애굽 땅에서 인도하여 낸 너희의 신이로다'라고 소리쳤다. 우리말 '신'으로 번역된 단어가 히브리어 원문에는, 우리가 '하나님'이라 부르는 '엘로힘'(אֱלֹהִים)으로 기록되어 있다. 이스라엘 백성은 눈앞의 금송아지가 자신들을 이집트의 노예살이에서 해방시켜 주신 하나님, 다시 말해 자신들을 위해 홍해를 가르시고 하늘에서 만나를 내리시며 반석에서 강물을 터트려 주셨던 그 하나님이시라고 감격해하였다. 그 광경을 목격한 대제사장 아론은 한술 더 떴다. '내일은 여호와의 절일'이라고 공포한 것이다. 자신의 손으로 새겨 만든 금송아지가 여호와 하나님이 맞으므로, 내일을 그 금송아지 앞에서 여호와의 절일로 경축하자는 것이었다. 날이 밝자마자 이스라엘 백성은 금송아지를 여호와라 믿으며 그 앞에서 광란의 축제를 벌였다.

출애굽기 7장 7절에 의하면 출애굽 당시 동생 모세는 팔십 세, 형 아론은 팔십삼 세로, 그 두 사람은 세 살 터울이었다. 그러나 모세는 출생 이후 팔십 세가 되기까지 형 아론과 떨어져 살았다. 처음 사십 년은 이집트 왕궁에서 왕자로 살았기 때문이고, 두 번째 사십 년은 미디안 광야의 양치기로 산 까닭이었다. 친형제일망정 태어나자마자 팔십 년이나 떨어져 살았다면, 실은 남남이나 마찬가지였다. 하지만 그 두 사람을 불러 동역하게 하신 분은 하나님이셨다. 하나님께서 먼저 미디안 광야의 양치기였던 팔십 노인 모세를 부르셨다. 그리고 그에게, 이집트에서 노예살이하는 이스라엘 백성을 해방시키라고 명령하셨다. 모세는 납득하기 어려운 하나님의 그 명령을 사양하였다.

모세가 여호와께 아뢰되 오 주여 나는 본래 말을 잘 하지 못하는 자니이다 주께서 주의 종에게 명령하신 후에도 역시 그러하니 나는 입이 뻣뻣하고 혀가 둔한 자니이다 여호와께서 그에게 이르시되 누가 사람의 입을 지었느냐 누가 말 못 하는 자나 못 듣는 자나 눈 밝은 자나 맹인이 되게 하였느냐 나 여호와가 아니냐 이제 가라 내가 네 입과 함께 있어서 할 말을 가르치리라 모세가 이르되 오 주여 보낼 만한 자를 보내소서 여호와께서 모세를 향하여 노하여 이르시되 레위 사람 네 형 아론이 있지 아니하냐 그가 말 잘 하는 것을 내가 아노라 그가 너를 만나러 나오나니 그가 너를

볼 때에 그의 마음에 기쁨이 있을 것이라 너는 그에게
말하고 그의 입에 할 말을 주라 내가 네 입과 그의 입
에 함께 있어서 너희들이 행할 일을 가르치리라 그가
너를 대신하여 백성에게 말할 것이니 그는 네 입을 대
신할 것이요 너는 그에게 하나님 같이 되리라(출 4:10-
16).

태어난 이래 사십 세가 되기까지 이집트의 왕자로
살았던 모세는, 당시 세계 최강인 이집트의 군사력이 얼
마나 막강한지 누구보다 잘 알고 있었다. 게다가 지금은
미디안 광야의 양치기로 살아가는 팔십 노인 모세다. 사
십 년 동안 미디안 광야에 갇혀 사느라 현실감각을 상
실한 모세는 말도 어눌했다. 한마디로 팔십 노인 모세는
더 이상 쓸모없는 촌로일 뿐이었다. 그러므로 그가, 당
신의 백성을 이집트의 노예살이에서 해방시키라는 청천
벽력 같은 하나님의 명령을 연거푸 사양한 것은 조금도
이상한 일이 아니었다. 그 모세 곁에 하나님께서 붙여
주신 사람이 달변가이자 그의 친형인 아론이었다. 모세
는 친형 아론이 어디에 살고 있는지도 몰랐지만, 하나님
께서 아론으로 하여금 이집트로 향하는 모세를 찾아가

만나도록 섭리해 주셨다. 그때부터 아론은 모세의 동역자인 동시에 대변인이 되었다. 아론은 모세와 동행하면서, 하나님께서 모세를 통해 이스라엘 백성을 이집트에서 어떻게 구원하고 또 인도하시는지 빠짐없이 목격하였다.

이집트의 파라오가 국부의 원천인 이스라엘 노예들을 해방시켜 주지 않을 수 없도록 열 가지의 재앙을 내린 분은 금송아지가 아니었다. 폭 32킬로미터의 홍해를 갈라 이집트의 전 군대를 홍해에 수장시킨 분도, 음용 불가능한 마라의 쓴 물을 단물로 바꾸어 준 분도, 하늘에서 만나와 메추라기를 비처럼 쏟아지게 한 분도, 반석에서 강물을 터트린 분도, 결코 금송아지인 것은 아니었다. 그 모든 일을 행한 분은 오직 영이신 여호와 하나님이셨다. 아론은 모세 곁에서 하나님의 그 모든 역사를 누구보다도 생생하게 목격하였다.

하지만 아론은 대중의 요구에 부응하기 위해 자기 손으로 금송아지를 새겨 만들고, 그 금송아지가 자신들을 이집트의 노예살이에서 해방시킨 여호와 하나님이라고 공포하였다. 초대 대제사장인 아론이, 시간과 공간을 초월하는 영이신 하나님을 금송아지 속에 가두어 버린 것이다. 아론 자신은 금송아지가 절대로 하나님일 수 없음을 분명히 알고 있었지만, 대중의 열망과 인기에 영합한 아론에게 하나님을 금송아지로 왜곡하는 것은 아무 문제도 되지 않았다. 자기 손으로 빚어 만든 금송아지 앞에서 광란의 축제를 벌이는 이스라엘 백성을 보면서 자기도취에 빠져 있는 아론의 모습이 눈에 선하다.

사십 일 만에 시내산에서 내려온 모세는 눈앞에 펼쳐진 광경에 격분하였다. 모세의 추궁을 당한 초대 내세 사장 아론의 변명이 기가 막힌다.

> 아론이 이르되 내 주여 노하지 마소서 이 백성의 악함을 당신이 아나이다 그들이 내게 말하기를 우리를 위하여 우리를 인도할 신을 만들라 이 모세 곧 우리를 애굽 땅에서 인도하여 낸 사람은 어찌 되었는지 알 수 없노라 하기에 내가 그들에게 이르기를 금이 있는 자는 빼내라 한즉 그들이 그것을 내게로 가져왔기로 내가 불에 던졌더니 이 송아지가 나왔나이다(출 32:22-24).

격노한 모세의 추궁을 받은 아론은 비겁하게도, 조

금 전까지 부화뇌동했던 이스라엘 백성으로부터 자신을 분리하였다. 그리고 모세에게, 그들은 본래 악한 존재인 것을 알지 않느냐는 식으로 그들을 매도해 버렸다. 게다가 자신이 한 일이라곤, 그저 백성의 요구에 따라 그들의 금붙이를 불 속에 던져 넣은 것밖에 없다고 했다. 그랬더니 불 속에서 금송아지가 절로 나왔다는 것이다. 대중의 열망에 영합하여 금송아지 제작을 주도했던 아론은 정작 문제가 터지자, 하나님을 모독하고 이스라엘 백성의 영적 파멸을 초래한 그 엄청난 과오의 책임을 대중에게 전가하고, 자기 자신을 위해서는 셀프 면죄부를 발부하였다. 이것이 대중의 열망과 인기에 영합하는 인간의 실상이다. 옳고 그름을 따지지 않고 대중의 열망과 인기에만 몰입하는 인간일수록 사실은 자기 자신만 위하는 이기적인 인간이다. 초대 대제사장 아론은 하나님 앞에서 자신을 거룩하게 구별한 목회자이기 이전에, 대중의 열망과 인기에 야합하는 포퓰리스트에 불과했다.

출애굽기에 등장하는 두 번째 유형의 목회자는 모세다.

모세가 하나님께서 직접 새겨 주신 십계명의 두 돌

판을 들고 사십 일 만에 시내산에서 내려왔을 때, 이스라엘 백성은 금송아지 앞에서 광란의 축제를 벌이고 있었다. 그들은 '모두'였고, 모세는 수종자 여호수아와 '단둘'이었다. 머릿수로만 따진다면, 흥분의 도가니에 빠진 그들을 잘못 다루다간 화를 입을 확률이 컸다. 하지만 모세는 그들의 잘못을 방관하거나, 아론처럼 그들과 야합하려 하지 않았다. 오직 여호와 하나님만 경외한 모세는 격노하여 그들을 향해 두 돌판을 던졌다. 그리고 그들이 여호와라 부르며 경배한 금송아지를 가루로 박살내어, 그 위에 물을 뿌리고 그들에게 마시게 했다. 그것도 모자라 레위인들을 시켜 그들 가운데 삼천 명을 처단하였다. 하나님을 부정하고 모독한 범죄에 대한 무서운 응징이었다. 당시 이스라엘 백성은 남자 장정의 수만 육십만 명이었다. 그들이 반발하면 모세에게는 도리가 있을 수 없었다. 그러므로 모세 스스로 자신의 목숨을 걸지 않고서는 상상하기조차 어려운 단호한 응징이었다. 그리고 그 모든 응징을 끝낸 모세는 도리어 하나님께 이렇게 간구하였다.

그러나 이제 그들의 죄를 사하시옵소서 그렇지 아니

하시오면 원하건대 주께서 기록하신 책에서 내 이름을 지워 버려 주옵소서(출 32:32).

성경 말씀은 하나님의 섭리에 따라 성경 기자들이 기록한 것이다. 그러나 성경 말씀 중에 하나님께서 사람의 손을 통하지 않고, 당신이 친히 돌판에 새겨 주신 말씀이 있다(출 24:12). 바로 십계명이다. 그만큼 그 내용이 중요하기 때문일 것이다. 그 중요한 십계명의 첫 머리를 이루고 있는 세 계명은 각각 다음과 같다.

너는 나 외에는 다른 신들을 네게 두지 말라(출 20:3).

너를 위하여 새긴 우상을 만들지 말고 또 위로 하늘에 있는 것이나 아래로 땅에 있는 것이나 땅 아래 물 속에 있는 것의 어떤 형상도 만들지 말며 그것들에게 절하지 말며 그것들을 섬기지 말라(출 20:5-6상).

너는 네 하나님 여호와의 이름을 망령되게 부르지 말라(출 20:7상).

하나님께서 친히 돌판에 새겨 주신 절대적인 십계명, 그 십계명의 첫머리를 이루고 있는 세 계명에 의하면, 금송아지를 여호와라 부르고 경배한 이스라엘 백성은 모두 진멸당해 마땅했다. 그러나 모세는 그들이 진멸당하도록 내버려 두지 않았다. 모세는 하나님을 부정하고 모독한 그들을 하나님께서 친히 용서해 주시기를 간구하였다. 형식적이거나 의례적인 간구가 아니었다. 이스라엘 백성을 가나안 땅으로 인도하기 위해 하나님의 부르심을 받은 소명인답게, 모세는 하나님께서 그들을 용서하기를 자신의 생명을 걸고 간구하였다. 하나님께서 그들을 용서해 주시는 대가로 누군가가 대신 죽임을 당해야 한다면, 하나님의 생명책에서 자신의 이름을 삭제해도 좋다고 간구한 것이다. 진멸당해 마땅한 이스라엘 백성을 살릴 수만 있다면, 모세 자신은 영원히 버림을 받아도 좋다는 애절한 기도였다. 모세는 자기 영달을 위해 하나님을 등지고 대중과 야합했던 아론과는 본질적으로 다른, 진정한 소명인이자 참된 목회자였다.

가데스바네아에서 가나안 탐지를 위해 모세가 파견했던 열두 명의 정탐꾼들 가운데, 무려 열 명이 가나안 입성 불가를 주장했을 때에도 마찬가지였다. 그들은, 가나안의 거인들 앞에서 자신들은 메뚜기에 불과해 그들을 절대로 이길 수 없다고 주장했다. 열두 명 중에 열 명은 전체의 83.3퍼센트다. 83.3퍼센트라면 수치상으로 절대다수다. 이스라엘 백성은 그 83.3퍼센트의 주장에 넋을 잃었다. 그들은 이제부터 어떻게 해야 좋을지, 그들의 지도자인 모세의 의견을 구하지 않았다. 모세와 의논하려 하지도 않았다. 공포에 사로잡혀 밤새 통곡하던 이스라엘 백성은, 모세를 버리고 새로운 지도자를 세워 이집트의 노예살이로 되돌아가려 하였다. 그것은 이집트의 노예살이에서 그들을 해방시켜 주신 하나님에 대한 영적 쿠데타였다.

열두 정탐꾼들 가운데 나머지 두 명인 갈렙과 여호수아는, 가나안 원주민이 비록 거인이긴 해도 하나님께서 함께하시면 자신들의 밥일 뿐이라고 역설했다. 그러나 그 두 사람의 역설은 이스라엘 백성에게는, 일고의 가치도 없는 16.7퍼센트의 소수의견에 지나지 않았다. 두려움과 군중심리에 빠진 이스라엘 백성은 그들의 지도자인 모세를 아예 돌로 쳐 죽이려 하였다. 만약 모세가 그때 그들의 돌에 맞아 죽었더라면, 필경 아론이 그들의 요구에 부응하여 이집트의 노예살이로 되돌아가는 그들의 길잡이가 되었을 것이다.

모세는 자신의 존재를 아예 부정하면서 이집트의 노예살이로 되돌아가려는 이스라엘 백성에게 배신감을 느끼기에 충분하였을 것이다. 모세가 그들의 이집트 복귀를 내버려 둔다 한들, 그것은 무지한 그들 자신의 책임일 뿐 모세의 잘못일 수는 없었다. 오히려 모세는 무거운 책임감에서 벗어나 자유를 누릴 수도 있었다. 패역한 이스라엘 백성의 일거수일투족을 빠짐없이 목격하신 하나님께서는 모세에게 이렇게 말씀하기도 하셨다.

여호와께서 모세에게 이르시되 이 백성이 어느 때까지 나를 멸시하겠느냐 내가 그들 중에 많은 이적을 행하였으나 어느 때까지 나를 믿지 않겠느냐 내가 전염병으로 그들을 쳐서 멸하고 네게 그들보다 크고 강한 나라를 이루게 하리라(민 14:11-12).

하나님께서는 많은 이적을 베푸시며 이스라엘 백성을 이집트의 노예살이에서 해방시켜 주셨다. 당신께서 언약하신 가나안 땅으로 그들을 인도해 주시기 위함이었다. 그런데도 이스라엘 백성은 이집트의 노예살이로 되돌아가려 했다. 그것은 하나님을 금송아지 형상 속에 구겨 넣으려던 것처럼 하나님과 하나님의 언약을 부정하는 범죄 행위였다. 하나님께서는 그 패역한 이스라엘 백성을 아예 쓸어버리시고 모세를 통해 새로운 민족을 이루려 하셨다. 모세를 새로운 민족의 시조로 세우시겠다는 말씀이었다. 한 민족의 지도자가 되는 것과 시조가 되는 것은 같은 말이 아니다. 한 민족의 지도자는 얼마든지 있을 수 있다. 그러나 억만 겁의 세월이 흘러도 한 민족의 시조는 한 명일 수밖에 없다. 하나님께서 모세를 새로운 민족의 시조로 세우신다면, 모세 개인에게는 그보다 더 큰 영광이 있을 수 없었다. 모세가 자기 영달을 삶의 목적으로 삼은 사람이었다면, 그는 쌍수를 들어 하나님의 계획을 환영했을 것이다. 그러나 하나님께서 밝히신 계획을 전해 들은 모세는 하나님께 이렇게 간구했다.

이제 주께서 이 백성을 하나 같이 죽이시면 주의 명성을 들은 여러 나라가 말하여 이르기를 여호와가 이 백성에게 주기로 맹세한 땅에 인도할 능력이 없었으므로 광야에서 죽였다 하리이다 이제 구하옵나니 이미 말씀하신 대로 주의 큰 권능을 나타내옵소서 이르시기를 여호와는 노하기를 더디하시고 인자가 많아 죄악과 허물을 사하시나 형벌 받을 자는 결단코 사하지 아니하시고 아버지의 죄악을 자식에게 갚아 삼사 대까지 이르게 하리라 하셨나이다 구하옵나니 주의 인자의 광대하심을 따라 이 백성의 죄악을 사하시되 애굽에서부터 지금까지 이 백성을 사하신 것 같이 사하시옵소서(민 14:15-19).

하나님께서 부여하신 소명에 투철한 목회자가 아니고서는 드릴 수 없는 기도였다. 하나님께서 당신의 백성을 자신의 생명보다 더 귀하게 여기는 모세의 기도를 어찌 들어주시지 않을 수 있겠는가?

모세는 대중의 열망과 인기에 영합하려 한 적이 한 번도 없었다. 대중을 이용하거나, 대중과 야합하여 자기 영달을 꾀하려 한 적도 없었다. 모세는 이스라엘 백성의 끊이지 않는 원망, 모함, 비난, 배신, 생명의 위협 속에서도, 그들을 하나님께서 명령하신 가나안 땅으로 인도하기 위해 자신의 생명을 걸었다. 모세가 아니었던들, 이스라엘 백성 중 그 누구도 가나안 땅에 입성할 수는 없었을 것이다. 모세는 모든 면에서 아론과 비교되는, 소명인이 어떻게 살아야 하는지를 자신의 삶으로 보여 준 참된 목회자였다.

그대는 어느 유형의 목사인가? 아론형 목사인가, 모세형 목사인가?

우리는 신약성경 속에서도 모세처럼 일평생 주님의 부르심에 올곧게 응답한 참된 목회자를 만날 수 있다. 사도 바울이다. 주님을 부정하며 교회를 짓밟던 바울을 주님께서 부르신 까닭을 사도행전 9장 15절은 이렇게 밝혀 주고 있다.

……이 사람은 내 이름을 이방인과 임금들과 이스라엘 자손들에게 전하기 위하여 택한 나의 그릇이라

'이방인과 임금들과 이스라엘 자손들'이라면, 실은 이 세상 모든 사람들을 일컫는다. 바울은 주님께서 이 세상 모든 사람들을 구원하기 위해 특별히 선택하신 주님의 도구였다. 그러나 바울에게 주님을 증언하는 주님

의 도구로 살아가는 것은 쉬운 일이 아니었다. 바울은 자기 배만 불리는 거짓 선지자들을 고발하면서 다음과 같이 고백하였다.

그들이 그리스도의 일꾼이냐 정신 없는 말을 하거니 와 나는 더욱 그러하도다 내가 수고를 넘치도록 하고 옥에 갇히기도 더 많이 하고 매도 수없이 맞고 여러 번 죽을 뻔하였으니 유대인들에게 사십에서 하나 감한 매를 다섯 번 맞았으며 세 번 태장으로 맞고 한 번 돌로 맞고 세 번 파선하고 일 주야를 깊은 바다에서 지냈으며 여러 번 여행하면서 강의 위험과 강도의 위험과 동족의 위험과 이방인의 위험과 시내의 위험과 광야의 위험과 바다의 위험과 거짓 형제 중의 위험을 당하고 또 수고하며 애쓰고 여러 번 자지 못하고 주리며 목마르고 여러 번 굶고 춥고 헐벗었노라(고후 11:23-27).

바울에게 주님을 증언하는 것은 꽃길이 아니었다. 그것은 눈물겨운 고난과 시련과 고통의 길이었다. 그럼에도 불구하고 바울은 주님으로부터 부여받은 소명을 다하기 위해 세 차례나 지중해 세계를 누비고 다녔다. 그리고 마침내 세 번째 전도여행을 매듭지은 바울은 예루살렘으로 가는 길에 에베소의 장로들을 밀레도로 불렀다. 그들에게 마지막 유언을 남기기 위함이었다. 당시의 장로들은, 요즈음 말로 하면 교인들을 영적으로 보살피는 목사들이었다. 그들에게 바울은 이 세상 마지막 유언을 시작했다.

보라 이제 나는 성령에 매여 예루살렘으로 가는데 거기서 무슨 일을 당할는지 알지 못하노라 오직 성령이 각 성에서 내게 증언하여 결박과 환난이 나를 기다린다 하시나 내가 달려갈 길과 주 예수께 받은 사명 곧 하나님의 은혜의 복음을 증언하는 일을 마치려 함에는 나의 생명조차 조금도 귀한 것으로 여기지 아니하노라(행 20:22-24).

바울도 주님의 부르심을 받은 이후 일평생 대중의 열망과 인기에 영합하려 한 적이 없었다. 주님과 신자들을 이용하여 자신의 영달을 꾀한 적도 없었다. 바울 역시 모세처럼 온갖 박해와 모함과 고난 속에서도 주님으로부터 부여받은 사명을 완수하기 위해 자신의 생명을 건 사람이었다. 그리고 그의 유언은 이렇게 이어진다.

> 내가 떠난 후에 사나운 이리가 여러분에게 들어와서 그 양 떼를 아끼지 아니하며 또한 여러분 중에서도 제자들을 끌어 자기를 따르게 하려고 어그러진 말을 하는 사람들이 일어날 줄을 내가 아노라(행 20:29-30).

헬라어 원문에는 '이리'가 복수형(λύκοι)으로 기록되어 있다. 바울이 언급한 '사나운 이리들'은 '거짓 교사들', 요즈음 말로 짝퉁 목사들을 일컫는다. 당시 하나님의 말씀을 이용하여 자신의 욕구나 야망을 충족시키는 거짓 교사들이 도처에 판을 치고 있었다. 바울이 떠난 뒤 바울의 빈자리를 그들이 꿰차고 자신들의 유익을 위해 신자들을 미혹게 할 것은 충분히 예상할 수 있는 일이었다. 그러나 바울의 경고는 거기에서 그치지 않았다.

지금 바울 면전에서 그의 마지막 유언에 귀를 기울이는 사람들은 모두 에베소의 장로들이다. 그들은 바울을 지금 처음으로 조우한 것이 아니다. 그들은 모두 에베소에서 바울에게 복음을 전수받았고, 바울에 의해 장로로 세움받았다. 그들 모두가 바울에게 신앙훈련받은 바울의 제자들인 셈이었다. 바로 그 제자들에게 스승 바울이 지금 마지막 유언을 남기는 것이다. 그렇다면 바울이 그들에게 덕담을 남겨 줌이 마땅하지 않겠는가? 내가 떠난 후, 여러분들이 에베소의 그리스도인들을 위해 자기 생명을 아끼지 않는 주님의 신실한 종들이 될 줄 믿는다는 식으로 말이다. 하지만 바울은 그들에게 덕담은 커녕 도리어, '여러분 중에서도 제자들을 끌어 자기를 따르게 하려고 어그러진 말을 하는 사람들이 일어날 줄을 내가 아노라'는 경고를 남겼다.

우리말 '어그러지게 하다'로 번역된 헬라어 동사 '디아스트렙호'(διαστρέφω)는 '왜곡하다', '비틀다'라는 의미다. 그리고 '안다'로 번역된 헬라어 동사 '에이도'(εἴδω)는 '(눈으로) 보다'라는 뜻이다. 바울은 자신이 떠난 뒤에 에베소의 장로들 중에서 주님의 말씀을 비틀고 왜곡하여, 에베소의 그리스도인들을 자기 욕구 충족의 도구로 삼는 거짓 목회자가 나올 것을 눈으로 보듯 확연하게 알고 있었다. 이를테면 자기 영달을 위해 하나님을 금송아지로 왜곡하며 이스라엘 백성을 호도했던 아론형 목회자가 에베소의 장로들 가운데에서도 출현할 것을 바울이 알고 있었다는 말이다.

바울은 3차 전도여행 중 에베소에서 삼 년 동안 복음을 전하면서 장로들을 세웠다. 이를테면 바울과 가장 오랫동안 지낸 장로라도 그 기간이 삼 년을 초과할 수는 없었다. 그러므로 초대 대제사장인 아론이 하나님의 온갖 이적을 목격하고도 자기 영달을 위해 하나님을 금송아지로 왜곡했던 그 인간 죄성의 연장선상에서, 신앙 연륜도 영적 훈련도 일천한 에베소의 장로들 가운데에서 자기 유익을 위해 신자들을 이용하고 하나님의 말씀을 왜곡하는 아론형 목회자는 얼마든지 출현할 수 있었다. 그러므로 그 가능성과 위험성을 꿰뚫어 본 바울이 그렇게 엄히 경고한 것이었다.

오늘날은 어떤가? 오늘날 각 교단에서 목사 후보생들을 배출하는 신대원 역시 삼 년 과정이다. 그 삼 년 과정은 질적으로나 영적으로, 이천 년 전 바울이 에베소의 장로들을 세운 삼 년 과정에 상응할 수 있을까? 양적인 면 이외에는 그렇지 못하다면, 바울이 배출한 장로들 가운데 아론형 목회자가 출현한 비율보다 이 시대에 아론형 목사가 출현할 비율이 훨씬 더 높지 않겠는가? 그러므로 자기 욕망의 충족을 위해 교인들을 수단 삼아 하나님의 말씀을 왜곡하는 아론형 목사들이 오늘날 사방에서 판을 치는 것은 오히려 당연한 귀결 아니겠는가?

그대는 어느 쪽인가? 아론형 목사인가, 모세형 목사인가?

다음은 바울이 고린도의 그리스도인들에게 써 보낸 편지 내용이다.

우리는 수많은 사람들처럼 하나님의 말씀을 혼잡하게 하지 아니하고 곧 순전함으로 하나님께 받은 것 같이 하나님 앞에서와 그리스도 안에서 말하노라(고후 2:17).

이 짧은 구절을 이루고 있는 단어들 중에 중요하지 않은 단어가 하나도 없다. 주어는 '우리'이다. 바울을 포함하여 그의 동역자인 누가와 디모데 등이다. 바울은, '우리는 수많은 사람들처럼 하지 않았다'고 밝혔다. 바울이 언급한 '수많은 사람들'은 누구이며, 그들이 대체 무슨 짓을 하였기에 바울 일행은 그들처럼 하지 않았음을 강조하고 있는가?

'수많은 사람들'은 당시 거짓 교사들을 포함하여 대부분의 전도자, 혹은 설교자를 의미했다. 요즈음 용어로 대부분의 목사들이다. 그들은 하나님의 말씀을 전하는 것 같았지만, 실제로는 '하나님의 말씀을 혼잡하게 하는' 자들이었다. 우리말 '혼잡하게 하다'로 번역된 헬라어 동사 '카펠류오'(καπηλεύω)는 '행상'을 뜻하는 '카펠로스'(καπηλος)에서 파생되었다. 이천 년 전 어디서나 붙박이 가게를 운영하는 사람은 불량상품을 취급할 수 없었다. 주된 고객이 주위의 주민들이므로 그들의 신뢰를 상실해서는 가게 운영이 불가능한 탓이었다.

그러나 당시의 행상들은 달랐다. 그들은 발길 따라 움직이는 떠돌이 상인들이었다. 한번 들른 마을을 언제 다시 찾아올지 자신도 알지 못했다. 오늘 자기에게 상품을 구입한 사람을 언제 또 만난다는 보장이 없었다. 그래서 이천 년 전 떠돌이 행상들은 가짜 혹은 불량상품을 팔았다. 진짜 포도주에 물을 섞어 포도주의 양을 늘려 파는 식이었다. 포도주에 섞어서는 안 될 물을 고의로 부어 섞는 행위가 '카펠류오', 즉 포도주를 '혼잡하게' 하는 행위다. 물을 섞은 포도주는 더 이상 포도주가 아니다. 포도주에게 물은 불순물인 까닭이다. 그런데도 떠돌이 행상들이 포도주에 불순물인 물을 섞어 '혼잡하게' 만드는 이유는 간단했다. 손쉽게 양을 늘려 더 많은 이익을 남기기 위함이었다.

바울이 보기에 당시 대부분의 목사들이 그와 같았다. 그들은 하나님의 말씀을 있는 그대로 전하거나 가르치지 않았다. 하나님의 말씀은 대부분 인간의 그릇된 삶을 꾸짖는 내용인 까닭이다. 그들은 대중을 손쉽게 끌어들이기 위해, 대중의 요구에 영합하기 위해, 그리고 자신의 야망을 성취하기 위해, 마치 떠돌이 행상들처럼 하나님의 말씀에 온갖 불순물을 섞어 '혼잡하게' 하였다. 요즈음 용어로 표현하면 소위 '출세 지상주의', '번영신학', '기복주의', '적극적 사고방식', '긍정의 힘'과 같은 불순물이었다. 인간이 불순물을 섞은 하나님의 말씀은 단연코 더 이상 하나님의 말씀이 아니다. 하지만 당시 목사들 대부분이 자신의 그릇된 욕망을 충족시키기 위해 그렇게 하였다. 그래서 바울이, 우리는 수많은 목사들처럼 하나님의 말씀에 불순물을 섞어 하나님의 말씀을 '혼잡하게' 한 적이 없다고 천명한 것이다.

어느 시대에나 사람들은 늘 시류를 따른다. 시류를 거스르는 것은, 시류를 따르는 다수로부터 불이익을 자초하는 일이다. 이천 년 전 대부분의 목사들이 하나님의 말씀에 불순물을 섞는 왜곡으로 자신들의 욕망을 충족시켰다. 그것이 당시의 시류였다. 그러나 바울은 그 시류를 따르지 않았다. 그로 인해 온갖 모함과 불이익도 당했다. 그래도 바울은 시류를 거스르는 삶을 포기하지 않았다. 바울에게 어떻게 그런 삶이 가능할 수 있었을까?

고린도후서 2장 17절을 다시 보자.

우리는 수많은 사람들처럼 하나님의 말씀을 혼잡하게 하지 아니하고 곧 순전함으로 하나님께 받은 것 같이 하나님 앞에서와 그리스도 안에서 말하노라

바울은 오직 '순전함'으로 하나님의 말씀을 전했다. 헬라어 명사 '에일리크리네이아'(εἰλικρίνεια)는 '순수함과 온전함'이다. '순수함과 온전함'은 하나님의 말씀을 혼잡하게 하려는 불순물을 방어하고 분쇄하는 최상의 방패이자 무기이다. 바울이 하나님의 말씀에 대해 '순수함과 온전함'을 항상 견지한 것은, 그 말씀이 자신의 말이 아니라 '하나님께 받은 것'이었기 때문이다. 로고스이신 '하나님께 받은' 하나님의 말씀은, 곧 하나님 당신

이셨다. 그래서 바울은 언제나 '하나님 앞에서와 그리스도 안에서' 하나님의 말씀을 전하였다.

바울은 주님의 부르심을 받은 이후, 수많은 도시를 찾아다니며 수많은 사람들에게 하나님의 말씀을 전했다. 그 대상은 모두 사람들이었다. 만약 바울이 하나님의 말씀을 전할 때마다 그의 시선이 자기 앞에 운집한 사람들에게만 고정되어 있었다면, 죄성을 지닌 인간인 바울 역시 그들의 열망과 인기에 영합하거나, 그들을 이용하여 자신의 야망을 성취하기 위해, 하나님의 말씀에 불순물을 섞어 얼마든지 '혼잡하게' 할 수 있었다. 그러나 바울은 하나님의 말씀을 전할 때마다 자기 앞에 운집한 사람들을 보기 이전에, 그곳에 임해 계신 하나님을 먼저 보았다. 자신이 전하려는 하나님의 말씀이 곧 하나님이시기에, 바울은 그 '하나님 앞에서' 그분의 말씀을 전한 것이다. '하나님 앞에서' 하나님의 말씀을 전하며, 그 말씀에 자기 유익을 위해 불순물을 섞는 것은 바울에게는 상상조차 불가능한 일이었다.

더욱이 하나님의 말씀이 육신을 입고 이 땅에 오신 분이 그리스도셨다. 그래서 바울은 그 '하나님 앞에서'와 '그리스도 안에서' 하나님의 말씀을 전했다. 하나님의 말씀이 육신을 입고 이 땅에 오신 '그리스도 안에서' 하나님의 말씀을 전한다면, 그 말씀에 대한 '순수함과 온전함'이 어찌 지켜지지 않을 수 있겠는가? '하나님 앞에서'와 '그리스도 안에서', '하나님께 받은' 하나님의 말씀을 전할 때마다 어찌 자기 부인이 선행되지 않겠는가? 그러므로 온갖 모함과 불이익을 당할지언정, 대부분의 목사들이 자기 야욕의 충족을 위해 하나님의 말씀에 불순물 섞기를 당연시하던 당시의 시류를 바울이 단호하게 배격한 것은, 그에게는 '하나님 앞에서'와 '그리스도 안에서' 당연히 실행해야 할 영적 의무였다.

바울은 고린도후서 4장에서 하나님의 말씀을 전하는 은혜와 긍지를 설명하면서, 당시의 짝퉁 목사들과 상반된 자신의 자세를 다시 한 번 천명하였다.

이에 숨은 부끄러움의 일을 버리고 속임으로 행하지 아니하며 하나님의 말씀을 혼잡하게 하지 아니하고 오직 진리를 나타냄으로 하나님 앞에서 각 사람의 양심에 대하여 스스로 추천하노라(고후 4:2).

우리말 성경에는 바울이 본문에서 고린도후서 2장

17절의 내용, 즉 '하나님의 말씀을 혼잡하게 하지' 않았다는 증언을 되풀이한 것으로 되어 있다. 그러나 헬라어 원문에 의하면, 바울이 본문에서 사용한 동사는 고린도후서 2장 17절의 '카펠류오'(καπηλεύω)가 아니다. 바울이 본문에서 사용한 동사는 '돌로오'(δολόω)이다. 이 동사는 '올무를 놓다', '미끼를 삼다'라는 뜻을 지니고 있다. 즉 바울은, 자신은 하나님의 말씀을 자기 야욕의 충족을 위한 미끼로 이용한 적이 없다고 밝힌 것이다. 이것은 당시 대부분의 목사들이 하나님의 말씀을 자기 야욕을 성취하기 위한 미끼로 이용하고 있었음을 의미한다. 언뜻 보기에는 그들이 하나님의 말씀을 제대로 전하고 가르치는 것처럼 보였지만, 그들은 하나님의 말씀과는 동떨어진 그들의 삶으로, 그들이 하나님의 말씀을 자기 야욕의 충족을 위한 미끼로 이용해 왔음을 스스로 입증하고 있었던 것이다. 그러나 바울은 단 한 번이라도 그렇게 한 적이 없었다.

그러므로 본문에 고린도후서 2장 17절의 관점으로 주석을 덧붙이자면, 바울은 이렇게 말한 셈이다.

우리는 대부분의 목사들처럼 하나님의 말씀으로 부

끄러운 일을 행하지 않았습니다. 하나님의 말씀으로 계교를 꾸민 적도 없습니다. 하나님의 말씀을 우리 자신의 야욕을 충족하기 위한 미끼로 이용한 적도 없습니다. 우리는 진리이신 하나님의 말씀을 항상 있는 그대로 전했습니다. 그래서 우리는 하나님 앞에나 사람의 양심 앞에나 우리 자신을 언제나 떳떳하게 내세울 수 있습니다.

바울의 이 고백 역시 '하나님께 받은' 하나님의 말씀을 '하나님 앞에서'와 '그리스도 안에서' 전하는 '순수함과 온전함'이 있었기에 가능할 수 있었다. 모세가 자신의 생을 걸기까지 하나님의 명령에 순종하였던 것 역시, 그 명령이 '하나님께 받은' 명령이기에, 그 명령을 내리신 '하나님 앞에서', 그 명령에 대한 '순수함과 온전함'을 견지한 까닭이다. 그 '순수함과 온전함'을 상실한 아론이 자기 영달을 위해 하나님을 금송아지로 왜곡하고, 이천 년 전 바울 당시 대부분의 목사들이 하나님의 말씀을 자기 야욕을 위한 미끼로 이용한 것은, 조금도 이상한 일이 아니었다.

그대는 어떤가? '하나님께 받은' 하나님 말씀의 '순

수함과 온전함'을 견지하는 모세형 목사인가, '순수함과 온전함'을 벌써 상실한 아론형 목사인가?

　빛이요 진리이신 하나님의 말씀이 선포되는 곳에는 반드시 어둠의 반발이 있기 마련이다. 모세를 비롯하여 성경에 등장하는 말씀의 증인들이 세상의 모함과 박해와 시련에 직면해야 했던 까닭이 거기에 있다. 그대는 어떤가? 그대는 그대 자신의 비윤리적이고 부도덕한 언행 탓이 아니라, 하나님의 말씀을 바르게 전하고 살아낸다는 이유로 어떤 형태로든 모함과 박해와 시련을 당해 본 적이 있는가? 단 한 번도 없었다면 그것은 그대가 모세형 목사가 아니라, 그대의 영달을 위해 금송아지를 하나님이라 우기는 아론형 목사로 살아왔기 때문인 것은 아닌가?

　선지자 예레미야가 이렇게 탄식하지 않았던가?

　내가 말할 때마다 외치며 파멸과 멸망을 선포하므로 여호와의 말씀으로 말미암아 내가 종일토록 치욕과 모욕 거리가 됨이니이다 내가 다시는 여호와를 선포하지 아니하며 그의 이름으로 말하지 아니하리라 하

면 나의 마음이 불붙는 것 같아서 골수에 사무치니
답답하여 견딜 수 없나이다(렘 20:8-9).

예레미야는 위대한 선지자였지만, 하나님의 말씀을
전하는 그를 이스라엘 백성이 환영한 것은 아니었다. 오
히려 파멸과 멸망을 선포하는 예레미야를 이스라엘 백
성은 날마다 치욕과 모욕으로 조롱하였다. 예레미야는
그럴 바에야 차라리 침묵하기로 작정하고 입을 다물었
다. 하지만 그때마다 그의 마음은 마치 불붙는 것처럼
답답하여 견딜 재간이 없었다. 예레미야에게는 하나님
말씀의 선포가 초래하는 육체적 고통보다, 하나님의 말
씀에 대한 침묵이 수반하는 영적 고통이 더 컸다. 그래
서 예레미야는 하나님의 말씀을 외면하려는 자신의 안
일을 부인하고, 자기 생명을 걸고 하나님의 말씀을 바르
게 선포하는 영적 의무를 다했다. 그러나 당시의 선지자
무리는, 예레미야가 예언한 예루살렘 멸망 직전까지도
대중이 원하는 거짓 평화와 번영을 외쳤다. 자기 생명을
걸고 하나님의 말씀을 바르게 전한 예레미야가 모세형
목사였다면, 대중의 요구에 영합하여 거짓 평화와 번영
을 약속한 선지자 무리는 모두 아론형 목사들이었다.

지금까지 살펴본 것처럼 모세형 목사와 아론형 목사는, 출애굽기에서 시작하여 구약 선지자 시대를 거쳐 신약의 바울 시대까지 계속 이어졌다. 절대다수의 목사는 늘 아론형이었다. 그렇다면 그 어느 때보다 황금만능의 시대인 오늘날에야 두말해 무엇하겠는가?

그대는 그대의 영달을 위해 하나님을 금송아지라 우기며 교인들을 이용하는 아론형 목사인가, 교인들의 오해와 모함을 살망정 금송아지를 박살내고 교인들을 꾸짖어서라도 언약의 땅으로 인도하는 모세형 목사인가?

결코 잊지 말라. 수많은 교인들이 자신의 영달을 꾀하는 아론형 목사들의 현란한 설교에 현혹당해도, 살아 계신 하나님께서는 절대로, 절대로 속지 않으신다.

여호와의 말씀이 내게 임하여 이르시되 인자야 너는 이스라엘의 예언하는 선지자들에게 경고하여 예언하되 자기 마음대로 예언하는 자에게 말하기를 너희는 여호와의 말씀을 들으라 주 여호와의 말씀에 본 것이 없이 자기 심령을 따라 예언하는 어리석은 선지자에게 화가 있을진저 이스라엘아 너의 선지자들은 황무지에 있는 여우 같으니라 너희 선지자들이 성 무너진 곳에 올라가지도 아니하였으며 이스라엘 족속을 위하여 여호와의 날에 전쟁에서 견디게 하려고 성벽을 수축하지도 아니하였느니라 여호와께서 말씀하셨다고 하는 자들이 허탄한 것과 거짓된 점괘를 보며 사람들에게 그 말이 확실히 이루어지기를 바라게 하거니와 그들은 여호와가 보낸 자가 아니라 너희가 말하기는 여호와의 말씀이라 하여도 내가 말한 것이 아닌즉 어찌 허탄한 묵시를 보며 거짓된 점괘를 말한 것이 아니냐 그러므로 주 여호와께서 이같이 말씀하셨느니라 너희가 허탄한 것을 말하며 거짓된 것을 보았은즉 내가 너희를 치리라 주 여호와의 말씀이니라(겔 13:1-8).

**나는 목사이기 이전에
전도인인가?**

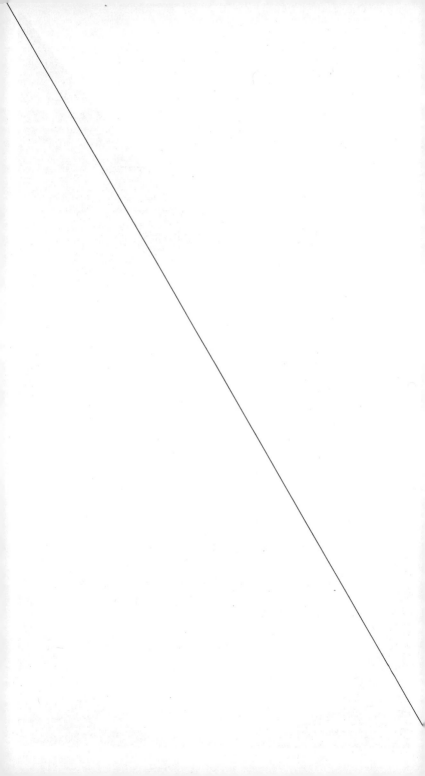

다음 글은 젊은 목사의 아내가 내게 보낸 하소연 내용이다.

목사님, 바쁘신 줄 알지만 그래도 어디 갈 곳도 없고 아는 사람도 없어, 이렇게 목사님께 글을 올리게 되었습니다. 제가 무엇을 잘못했는지, 또 어쩌다가 여기까지 오게 되었는지도 잘 모르겠는데, 주님께서 왜 제게 이런 아픔을 주시는지 너무 궁금합니다.

저는 14살 때부터 작은 교회의 반주자로 봉사하다가 26살 되던 해에 남편을 만나, 주님의 뜻이라 믿고 순수한 마음으로 결혼했습니다. 그 사람을 믿고 결혼한 것입니다. 그러나 결혼하자마자 신혼 때 두 번의 유산을 겪었고, 전임 사역자인 남편은 매일 피곤하다며 집에만 오면 짜증을 부렸습니다. 제가 서운해하면, 도리어 자기를 괴롭힌다고 타박을 주었습니다.

신혼 때부터 지옥 같은 생활이었습니다. 남편이 잘 해주겠지, 잘 해주겠지, 하고 기대하면서 버텼지만, 남편에게는 변화가 없었습니다. 그리고 전임 사역이 버거워 괴로워해서, 전임 사역을 당분간 내려놓고, 함께 기도하며 성경공부를 좀 더 하자고 제안했습니다. 남편이 기도하면서 주님의 말씀을 바르게 전하는 참된 사역자가 되길 간절히 바랐기 때문입니다.

그러나 남편은 지난 주일, 두 아이들 앞에서 제게 '미친년아, 꺼져!'라고 욕설을 퍼부었습니다. 저는 너무나도 슬퍼, 두 아이들을 데리고 버스를 타고 친정집으로 갔습니다. 그 이후로 두 주일이 지났지만, 남편으로부터는 아무 연락도 없습니다. 저는 제가 무엇을 잘못했는지 모르겠습니다. 제가 남편이 존경받는 목사가 되기를 원한 것이 그렇게 큰 잘못인가요???

제가 너무 답답한 마음에 자살하고 싶다고 해도 전혀 신경 쓰지 않습니다. 너 혼자 지껄이라는 식이에요. 걸핏하면 아이들 앞에서 남편에게 모욕당하는 저는 웃음을 잃은 지 오래되었습니다. 서○○ 목사의 부인서○○ 씨에 대한 폭행사건이 제 일 같기만 합니다. 임신 7개월 때에도 따귀를 맞은 적이 있으니까요. 제가 여자인 것이 잘못인가요? 어릴 적부터 부모에게 사랑받지 못해서, 잘못이라면 남편에게 그냥 사랑 좀 해달라고 했을 뿐인데, 그게 잘못인가요?

저는 결혼 후 가정만 지켜 온, 서른세 살 된 주부입니다. 언제나 주어진 상황에 최선을 다해 살고 싶었고, 전임 사역자인 남편과 함께 주님을 위해 좀 더 잘 살고 싶었을 뿐입니다. 세상을 모르고, 이상적이었던 것이 저의 잘못인가요? 왜 주님께서는 제게서 이 아픔을 거두어 주시지 않는 것인지요? 이 모든 것이 주님의 뜻이라고 생각하고 살아왔는데 6년이 지난 지금, 왜 제 마음은 불안하고 슬프기만 하며, 자살하고만 싶을까요? 왜 매일 자살 생각이 떠나질 않는지요? 아무리 생각해도, 목사인 남편을 이해할 수 없습니다.

목사가 여자와 결혼하여 가정을 갖는 것은, 목사가 단지 남자이기 때문만은 아니다. 목사에게 아내와 함께 일구는 가정은, 1장에서 언급한 것처럼, 보이지 않는 하나님의 사랑을 세상에 보여 주는 사랑의 통로다. 그런 의미에서 교회가 큰 가정이라면, 가정은 작은 교회다. 작은 교회인 가정에서 목사인 남편에게 첫 번째 사랑의 대상은 두말할 필요도 없이 아내다. 여성 목사의 경우에는 남편이 첫 번째 사랑의 대상이다. 남편과 아내의 사랑을 통해 가정이 시작되는 까닭이다. 그러므로 목사의 설교에 먼저 감명받는 사람도 목사의 배우자여야 하고, 누구보다 목사를 존경하는 사람도 배우자여야 한다. 목사는 사랑의 통로인 가정에서 배우자와 서로 사랑하며 살아가는 모습 그대로, 여러분도 이렇게 살아보지 않겠습니까, 하고 교인들을 이끄는 선봉장이 되어야 한다. 교회는 큰 가정이기 때문이다. 그런 목사 부부의 삶을 통해, 하나님께서 당신의 사랑으로 당신의 백성을 어루만져 주실 것임은 생각하는 것만으로도 가슴이 벅차오른다.

그러나 안타깝게도 지난 삼십여 년 동안, 나는 얼마나 많은 목사 아내들의 하소연을 들었는지 모른다. 세상 사람보다 못한 목사 남편의 폭력, 불륜, 거짓말, 부도덕, 무절제, 무관심 등과 관련한 목사 아내들의 한 맺힌 하소연을 듣거나 읽으면서 때론 함께 눈시울을 붉히고, 때론 분노에 몸을 떤 적이 한두 번이 아니었다. 그런 목사들도 교인들 앞에서는 거룩한 모습으로 연기하며 살 것이 분명하다. 그와 같은 목사의 연기가 교인들에게는 쉽게 통할 수 있겠지만, 하나님께는 통할 리가 없다. 주님께서는 서기관들과 바리새인들을 '외식(外飾)하는 자'라고 질타하셨다(마 15:7). 겉치레만 하는 위선자라는 의미다. 그러나 헬라어 명사 '휘포크리테스'(ὑποκριτής)는 본래 야외극장에서 연기하는 '연극배우'를 일컬었다. 주님께서 보시기에 서기관들과 바리새인들은 의롭고 거룩한 척 연기하는 '연극배우들'이었던 것이다. 그들의 감쪽같은 연기에 세상 사람들은 속아넘어갔지만, 주님은 전혀 속지 않으셨다. 그들의 연기 너머로 그들의 심중을 꿰뚫어 보신 주님에게 그들은 교활하고 사악한 '독사의 자식'에 지나지 않았다.

위의 글을 쓴 여인의 남편, 그는 가정에서는 목사가 아니다. 목사는 고사하고, 자살 의사를 피력하는 아내를 조금도 개의치 않는, 평균 수준에도 못 미치는 형편없는 남편이다. 바로 그것이 그의 본 모습이다. 아내가 자살 충동을 느낄 정도로 집에서는 폭력적인 그가, 교회에서는 매일 목사의 가면을 쓰고 연기할 것이 분명하다. 교회 교인들은 그의 연기 속에 감추어진, 자살을 생각하는 그의 아내의 고통은 눈치 채지 못할 것이다. 하지만 그의 연기가 아무리 완벽해도 하나님마저 속일 수는 없다.

그대의 경우는 어떤가? 교회에서 거룩한 목사로 살아가는 그대의 가정생활은 어떤가? 교인들이 보는 그대와, 그대의 배우자가 보는 그대는 동일한가? 만약 아니라면, 그대 역시 날마다 교인들 앞에서 목사로 연기하며 살고 있음이 분명하다. 그러나 그대가 꼭 기억해야 할 사실이 있다. 그대의 연기가 일류 배우처럼 완벽해도, 그대의 연기를 통해서는 주님께서 역사하시지 않는다는 사실이다. 주님께서는 그대의 연기를 즐기시는 관객이 아니시다. 주님께서는 당신의 뜻을 위해 당신의 핏값으로 그대를 사신 그대의 주인이시다. 그러므로 그대는 교회에서나 가정에서나, 언제 어디서나, 그분의 뜻을 그대의 온몸으로 살아 내어야 한다.

다음 글 역시 젊은 목사의 아내가 보낸 가슴 아픈 사연이다.

이렇게 어려운 인사를 드리는 것은 저 혼자서는 해결할 수 없는 문제들 앞에, 제가 너무 힘들고 버거워 목사님께 상담을 부탁드리기 위함입니다. 찾아뵙고 상담을 받고 싶은 마음이야 금할 길 없지만, 이렇게 급한 마음에 글로 상담을 요청해 죄송합니다.

어디서부터 어떻게 말을 해야 하는지 너무 어렵습니다. 상담을 요청하는 내용이 좀 창피하기도 하고 제 마음도 상하는 일이라서요. 남편과의 문제로 상담을 요청합니다. 성에 관한 문제입니다. 제가 글 쓰는 일이 서툴러 먼저 양해 말씀을 드립니다. 이해해 주시면서 읽어 주세요.

6년 전쯤 집에서 컴퓨터를 사용할 때마다 PC에 이상한 팝업창이랑 프로그램 등이 계속 깔려 있거나 뜨고 있었습니다. 그 당시 저희 부부만 사는 집이라 컴퓨터를 사용하는 사람은 남편과 저뿐이었습니다. 저는 너무 이상하다고 남편에게 물었습니다. 컴퓨터에 자꾸 이상한 것이 뜬다구요. 남편은 저 때문이라며 계속 저를 꾸짖었습니다. 저는 이해할 수 없었지만, 자기는 모르는 일이라고 하기에 별거 아니겠지 하고 생각했습니다.

그러다가 문뜩 인터넷 기록을 봐야겠다는 생각이 들어, 혼자 있을 때 모두 확인해 보았습니다. 모두 성인사이트인 인터넷 기록을 보면서 저는 너무 기가 막혔습니다. 배신감과 함께 남편의 거짓말에 분노가 치밀었습니다. 남편에게 따졌습니다. 어쩜 이럴 수 있느냐고요. 그런데 남편의 반응은 도대체 뭐가 문제냐는 것이었습니다. 그 반응에 저는 더욱 화가 났습니다. 그것은 하나님 앞에서 죄임이 분명한데, 어떻게 목사가 그런 반응을 보일 수 있는지 용서가 되지 않았습니다. 저는 남편에게 목사로서 그런 죄 된 짓을 하지 말라고 간청했습니다. 남편은 그러겠다고 약속했습니다.

그러나 그 이후 몇 번이나 수상한 낌새가 느껴졌지만, 저는 이런 문자를 보냈습니다. 당신을 믿는다고, 인터넷을 확인하지 않겠으니 약속을 꼭 지켜 달라고요. 남편은 고맙다며 반드시 약속을 지키겠노라고 다짐했습니다. 그러나 그 약속은 여지없이 깨어졌습니다. 남편은 집에서는 하지 않는 대신, 교회 컴퓨터로 성인사이트에 접속하는 것이었습니다.

남편과 관련된 꿈을 오랫동안 꾸었습니다. 꿈 이야기를 할 때마다 남편은 개꿈이라며 저를 이상한 사람으로 몰아붙였습니다. 저도 그 꿈을 믿는 것은 아닙니다. 그러나 너무 오래도록 같은 꿈을 꾸다 보니 의심이 생겼습니다. 저는 기도했습니다. 이 꿈이 개꿈이라면 다시는 꾸지 않게 해달라고 말입니다. 그래도 계속 같은 꿈을 꾸었습니다. 어느 날 밤 12시에 교회에 몰래 가보았습니다. 역시나 제 믿음은 깨어졌습니다. 그게 작년 가을입니다.

저는 이혼을 생각했습니다. 너무 오래도록 저를 속이고 무시하는 남편. 무엇이 잘못인지도 모르는 남편. 남편은 성인사이트 보는 것을 아무것도 아니라고 주장하지만, 저는 그것은 드러나지 않은 불륜이며, 저에 대한 배신이고, 죄라고 생각합니다.

제가 너무 힘들어하니까, 남편은 어느 목사님께 저를 데리고 갔습니다. 그리고 그 목사님께 모두 말씀드리라고 하더군요. 그래서 그동안 있었던 일을 모두 말씀드렸습니다. 그러자 그 목사님이 이렇게 말하는 것이었습니다. 제 남편만 그런 것이 아니라 다른 목사들도 성인사이트 다 본다며, 그렇게 하지 않으면 목회 스트레스를 풀 수 없다고, 아주 자연스러운 현상이라고 말입니다.

그러나 전 용납할 수 없었습니다. 그 목사님의 논리

대로라면, 다른 사람이 하니까 나도 할 수 있다, 모두 하니까 괜찮다는 것인데, 그 목사님이 이상한 건지 아니면 제가 이상한 건지, 그 목사님 주장대로 제가 성적 결벽증을 지닌 건지 헷갈립니다.

그 이후 남편은 제게 화만 냅니다. 저는 정말 이해할 수 없습니다. 성인사이트를 보지 않겠다고 제게 강단을 걸고 약속했으니까요. 전 남편을 믿을 수가 없습니다. 매 주일 강단에서 선포하는 남편의 설교가 모두 위선처럼 느껴집니다.

전 이렇게 생각합니다. 내가 하지 못하는 것은 남한테 요구하지 말아야 한다고, 목사에게는 설교가 끝이 아니라 시작이어야 한다고 말입니다. 자신은 강단에서 가장 우아하고 고상하고 수준 높은 말로 설교하면서 왜 거기서 끝나 버리는지, 설교가 곧 시작인 것을 왜 알지 못하는 것인지, 진정한 설교는 말이 아니라 삶으로 하는 것을 왜 모르는지 답답하기만 합니다.

이 글을 쓰는 지금도 몸이 떨리고 손이 떨리고 마음이 떨립니다. 제가 속이 좁아 남편을 이해하지 못하는 것인지, 앞으로 제가 어떻게 해야 하는지 좀 알려주십시오. 제가 정말 남자의 세계를 이해하지 못하는 겁니까? 목사가 단순히 남자이기 때문에 음란하기 짝이 없는 성인사이트에 상습적으로 접속해도 무방하다면, 목사가 어떻게 예수님의 종으로 목회할 수 있을까요? 단지 목사라는 호칭만으로 구별되는 것인가요?

제 감정 때문에 너무 무례하게 말씀드린 건 아닌지 죄송합니다. 지금은 누구에게라도 묻고 싶은데, 제 주위에는 그럴 사람이 없습니다. 목사님, 꼭 좀 도와주십시오.

이집트의 노예살이에서 구원받은 이스라엘 백성이 시내 광야에 이르렀을 때, 하나님께서 모세를 통해 그들에게 십계명을 내려 주셨다. 십계명은 구원받은 이스라엘 백성이 하나님의 백성으로 준수해야 할 하나님의 명령인 동시에 윤리강령이었다. 그 십계명의 제7계명과 제10계명이 각각 다음과 같다.

간음하지 말라(출 20:14).

네 이웃의 집을 탐내지 말라 네 이웃의 아내나 그의

남종이나 그의 여종이나 그의 소나 그의 나귀나 무릇

네 이웃의 소유를 탐내지 말라(출 20:17).

'네 이웃의 집을 탐내지 말라'는 제10계명은 언뜻 남의 물건에 대한 탐심을 금하는 계명인 것처럼 보인다. 그러나 탐내지 말아야 할 첫 대상이 '네 이웃의 아내'다. 이 계명의 방점 역시 '간음하지 말라'는 제7계명처럼 부정한 성적 행위에 찍혀 있음을 알 수 있다. 십계명 중 제1계명부터 제4계명까지 네 계명은 하나님과의 관계에 대한 계명이다. 그리고 나머지 여섯 계명은 인간관계에 대한 계명이다. 그 여섯 계명 가운데 두 계명이 부정한 성적 행위에 대한 경고다. 수치상으로 여섯 계명의 삼분의 일, 다시 말해 33.3퍼센트가 부정한 성적 행위에 대한 경고인 셈이다. 인간의 죄성과 성적 타락이 불가분의 관계에 있기 때문일 것이다.

부정한 성적 행위를 초래하는 성적 타락은 언제나 인간의 마음속에서부터 시작된다. 주님께서도 '또 간음하지 말라 하였다는 것을 너희가 들었으나 나는 너희에게 이르노니 음욕을 품고 여자를 보는 자마다 마음에 이미 간음하였느니라'(마 5:27-28)라고 말씀하셨다. 마음속의 음욕이 간음의 시발점인 것이다. 하나님께서 '모든 지킬 만한 것 중에 더욱 네 마음을 지키라'(잠 4:23)라고 명령하신 까닭이 여기에 있다. 그리스도인이 자신의 마음을 어떻게 다스리고 지키느냐에 따라 그의 육체가 의의 병기로 승화될 수도 있고, 불륜의 도구로 전락할 수도 있다. 이런 관점에서 목사가 성인사이트에 접속하는 것은 금물이다. 그것은 마음속에 음욕을 쌓는 일이고, 마음속에 쌓인 음욕은 어떤 형태로든 부정한 성적 행위로 이어지는 탓이다.

위의 글에 등장하는 목사는 교회 사무실 컴퓨터로도 성인사이트에 접속하였다. 그 목사에게는 가정용 컴퓨터는 말할 것도 없고 교회용마저 음욕을 채우기 위한 도구였다. 그리고 그는 바로 그 컴퓨터로 각종 설교문을 작성하였다. 그가 음욕의 도구로 사용하던 컴퓨터로 작성한 설교문은 대체 어떤 내용이었을까? 그런 설교를 통해 하나님의 말씀이 교인들의 삶 속에 육화될 수 있었을까? 그럴 리가 없다. 진리이신 하나님의 영은 어떤 경우에도 인간에게 농락당하시지 않는다. 그가 교회 사무실에서 교회용 컴퓨터로 성인사이트에 접속하는 순간, 그에게 하나님은 더 이상 존재하지 않았다. 음욕을 위해 교회 사무실에서, 그곳에 임재해 계신 하나님을 부정한 그 목사를 통해 어떻게 하나님의 거룩한 영이 역사하실 수 있겠는가?

그 목사는 자신의 성인사이트 중독을 아내에게 정당화하기 위해 친구 목사에게 아내를 데리고 갔다. 남편의 친구 목사는 그녀에게, '당신 남편만 그런 것이 아니라 다른 목사들도 성인사이트 다 본다, 그렇게 하지 않으면 목회 스트레스를 풀 수 없다, 그건 아주 자연스러운 현상'이라고 말했다. 그 목사의 말이 사실이라면, 이 글을 읽고 있는 그대도 그런가? 그대도 성인사이트 탐닉으로 목회 스트레스를 풀고, 그대 역시 그런 행위를 아주 자연스럽게 여기고 있는가?

위의 글을 내게 보낸 여인의 남편은 출석 교인 수가 백여 명에 달하는 개척 교회 담임 목사였다. 소위 개척에 성공한 목사인 셈이었다. 그 목사 부부를 대면한 내가 남편에게 물었다. "스님이 야밤에 절간에서 혼자 성인사이트를 즐기다가 신자들에게 들켰다면, 신자들이 그 스님을 뭐라고 부르겠습니까? 땡중이라 부르지 않겠습니까? 가톨릭 신부가 동일한 짓을 저질렀을 때에도 교인들은 땡신부라 부를 겁니다. 그렇다면 목사님이 밤마다 교회에서 성인사이트에 접속하는 것을 교인들이 알게 될 경우, 그들이 목사님을 어떻게 부르겠습니까?" 그 젊은 목사는 아무 대답도 못 했다. 내가 그를 대신하여 답해 주었다. "목사님 교회 교인들 역시 목사님을 땡목사라 부르지 않겠습니까?" 나는 그 목사가 지금은 땡목사가 아니라, 자신을 주님 안에서 바르게 가다듬고 지키는 목사다운 목사로 살고 있으리라 믿고 있다.

그대는 어떤가? 외형적으로는 멀쩡하고 거룩해 보이지만, 혹 그대 역시 성인사이트에 중독된 땡목사인 것은 아닌가?

그동안 불륜에 빠진 목사의 아내로부터 내가 받은 상담 글이나 전화도 부지기수다. 대형교회 목사, 작은 개척 교회 목사, 대도시 교회 목사, 지방 교회 목사, 나이든 목사, 젊은 목사를 총망라하여, 목사의 불륜은 전국 곳곳에 광범위하게 퍼져 있었다. 단지 그 내용이 너무나도 적나라하고 충격적이어서 이 책에 공개적으로 밝히지 못할 뿐이다. 나는 내게 상담을 요청했던 그 많은 여인들의 남편들이 어느 교회를 목회하고 있는지 지금도 알고 있다. 하물며 무소부재하신 하나님이시야 두말해 무엇하겠는가?

그대는 어떤가? 혹 그대 역시, 지금 불륜의 언저리를 남몰래 맴돌고 있는 것은 아닌가? 만약 그렇다면 다음 말씀은 그대의 일거수일투족을 빠짐없이 보고 계시는 주님의, 바로 그대를 향한 준엄하신 명령이다.

> 만일 네 오른 눈이 너로 실족하게 하거든 빼어 내버리라 네 백체 중 하나가 없어지고 온 몸이 지옥에 던져지지 않는 것이 유익하며 또한 만일 네 오른손이 너로 실족하게 하거든 찍어 내버리라 네 백체 중 하나가 없어지고 온 몸이 지옥에 던져지지 않는 것이 유익하니라(마 5:29-30).

다음의 긴 글은 ○○대학과 ○○신학대학 신대원을 졸업한 부목사 출신이 내게 보내온 편지 내용이다.

(전략)

그런 갈등이 절정에 이른 것은 마지막으로 사역하던 교회에서였습니다. ○○○에 위치한 그 교회는 몇 년 전에 창립 50주년을 넘긴 나름대로 역사와 전통을 자랑하는 교회로서, 시무장로가 열 명이 넘고 재적성도가 5,6천을 헤아리는 중대형의 규모로, 담임목사는 신학 박사학위에 노회장까지 지낸, 나름 관록과 허울 좋은 배경은 다 갖추고 있었습니다. 하지만 제가 그 교회에 부임할 당시 담임목사는 일반법정의 고소사건에 휘말려 있었는데, 내용인즉 교회건물 리모델링 과정에서 건축비 일부를 담임목사가 유용해서 썼는데, 이것을 문제 삼은 장로와 분쟁이 일어 결국 목사는 그 장로를 파면시켰고, 장로는 목사를 고소 고발하고 자신의 파면이 부당하다며 매 주일 교회 정문에 '비리목사 물러가라'는 피켓을 들고 서서 일인시위를 벌이고 있는 상황이었습니다. 그런 어수선한 상황에서도 담임목사는 아랑곳하지 않는다는 태도로 일관하고 있었는데, 담임목사의 성품은 다혈질로 보스 기질이 뚜렷하고 스포츠를 좋아하며 식탐이 많아 먹는 것을 즐기는(특히 보신탕) 스타일이었습니다. 또한 당시 담임목사는 골프에 푹 빠져 있었는데, 매주 월요일이면 말 잘 듣는 부목사를 데리고 골프를 치러 다녔고, 교역자 회의 시간의 반은 골프 이야기로 허비하였으며, 심지어는 모든 교역자에게 골프강습을 받으라고 명령하고 그렇게 해서 수시로 자신과 호흡을 맞출 것을 강요하였습니다.

그런 상황에서 저의 심정은 무척 참담하였습니다. 단적인 예로, 그해 여름 '한목연'에서 주최하는 전국 목회자세미나에 전 교역자가 참석하게 되었는데, 세미나 마지막 날 폐회하고 나오는 시간, 아니나 다를까 담임목사는 그 길로 인근 골프장으로 직행할 예정이었는데, 담임목사와 동행할 교역자들은 점심을 먹으러 가고 저는 교회 차(봉고)에 싣고 온 그분들의 골프채를 담임목사의 그랜저승용차에 옮겨 싣고 있었습니다. 그런데 교회 차와 그랜저승용차가 주차되어 있는 지점이 좀 떨어져 있어서 저는 본의 아니게 골프채를 짊어지고 수양관 앞마당을 왔다 갔다 할 수밖에 없었는데, 마침 모든 일정을 마치고 쏟아져 나오는 사람들의 눈에 띄어 흘끔흘끔 쳐다보는 그들의 시선을 피할 길이 없었습니다. 그 순간 저는 마치 제가 죄인이라도 된 양 얼굴이 화끈거렸고, 그들은 마치 저를 향해 '바로 조금 전까지 교회개혁을 외치며, 목회자들부터 회개하고 자성의 시간을 갖자고 합심하여 기도했는데 자리에서 일어서자마자 지금 그게 무슨 꼴이냐'고 비웃고 손가락질하는 것만 같았습니다.

집에 돌아오는 길에, 과연 이것이 내가 가야 할 길인가 회의가 들었습니다. 어떻게든 담임목사로 자리를 잡으면 저토록 여유만만하게 '행복한 삶(?)'을 구가하게 되는 것인가! 주일날 예배가 끝나면 '실업인위원회'다 '교육위원회'다 각종 모임에 불려가 제일 상석에 자리 잡고 앉아 '하하 호호' 먹고 마시고 웃고 떠들고……. 이것이 하나님께 그토록 간구한 '복된 삶의 전형'일까! 하지만 문제는 그것만이 아니었습니다. 강단의 대부분을 장악하고 있던 담임목사의 설교는 그저 그런 내용에다가 신변잡기나 늘어놓고, 특히 그 시절 유행하던 드라마의 내용은 TV를 시청하지 않아도 이해가 될 정도로 단골메뉴였는데, 매주 주보 뒷면에 담임목사의 주일설교를 요약해서 기재해야 하는 전도사는 '적을 게 없다'고 투덜거렸고, 예배 중에 한 집사가 '에이 또 저 소리야' 하며 설교 도중에 일어나 나가 버리기도 하였습니다.

그런 와중에 담임목사와의 갈등이 첨예화된 계기가 바로 '설교문제'였습니다. 그때 주일 오후예배와 수요예배 설교를 서너 명의 부목사들이 돌아가며 했는데, 한 달에 한 번 정도 그 차례가 돌아올까 말까, 하지만 저는 그 시간을 고대하고 고대하였습니다. 한 달 전부터 말씀을 준비하고 준비해서 원고를 읽고 또 읽고, 막상 강단에 올라가서는 이 시간 부족한 종에게 능력을 덧입혀 달라고 간구한 후에 두렵고 떨리는 마음으로 말씀을 증거하고 내려오곤 하였습니다. 그런데 특히나 담임목사는 제 설교를 싫어했습니다. 제가 설교만 하고 내려오면 그날은 교역자 회의 시간에 집중적으로 '깨지는 날'이었습니다. 온갖 트집을 잡고 인신공격을 해가며 거의 신경질적인 반응을 보이는 것이었습니다. 그러다 행여 제가 '그건 그런 것이 아닙니다'라는 식으로 말대꾸라도 할라치면 노발대발 '한 달 동안 강단에 세우지 마' 하고 곧바로 징계가 떨어지곤 하였습니다. 저는 정말 가슴이 아팠습니다. 물론 저의 부족함을 숨길 수가 없었고, 임기응변이 뛰어나고 '능수능란'한 담임목사에 비해 발음도 안 좋고 이것저것 단점이 많이 드러나, 부단한 노력과 훈련이 필요한 상황이라는 것을 인정하고 있었습니다. 그래서 어떠한 지적과 충고도 받아들일 준비가 되어 있었건만 그것은 결코 애정 어린 질책이 아니었습니다.

또한 저는 부목사의 위치가 어디쯤이라는 것을 잘 알고 있었습니다. 잘났든 못났든 부목사는 어디까지나 담임목사가 하는 일의 보조자 그 이상도 이하도 아니라는 것을 명심, 또 명심하고 있었습니다. 하지만 '하나님의 말씀'만큼은 제 나름대로 이해하고 해석하여 받은 은혜의 감동 그 진정성 그대로를 증거하고 싶었습니다.

그런 상황에서 결정적인 사건이 터졌습니다. '안식년'을 맞은 담임목사는 연초에 정기적으로 치르는 대심방과 전반기 사역을 대충 마무리하고는 5월부터 석 달간 미국에서 '안식년 휴가'를 보내기로 계획되어 있었습니다. 그래서 떠나기 한두 주 전쯤, 드디어 담임목사가 부교역자들에게 각각 맡아서 해야 할 일들을 지시하는 자리였습니다. 그런데 결과적으로 저에게만은 아무런 지시도 내려지지 않았습니다. 그때 그럼에도 불구하고 아무 말 하지 말고 가만히 있어야 했습니다. 하지만 제가 그 순간을 슬기롭게 넘기지 못하고, 그만 '그럼 저는 뭘 해야 합니까?' 하고 한 마디를 하고 말았습니다. 그것이 결정적인 저의 실수였고, 곧바로 '뭐야, 너 지금 나에게 반항하는 거야'

하고 핏대를 세운 담임목사가 '지난 연말에 잘라 버릴 것을 불쌍해서 살려 놨더니 지 처지도 모르고 까불어' 하며 또다시 노발대발, 마치 자신이 저의 생명 줄을 쥐고 있기나 한 것처럼 막말을 쏟아 내는 것이었습니다. (정말 한국 교회 안에서 이런 일이 벌어지고 있었습니다.)

그렇게 해서 그날, 결과적으로는 부목사가 담임목사에게 대들었다는 이유로 그 즉시 모든 사역을 중지시키고, 두 달 여유를 줄 테니 담임목사가 돌아오기 전에 교회를 떠나라는 명령이 떨어졌습니다. 저는 너무도 어이가 없고 기가 막혔으나 어디에다 호소할 곳도 없고, 말없이 교회의 결정을 받아들여 그때부터 그곳(사택이 교회 바로 옆에 붙어 있었음)에서 죄인 아닌 죄인으로 감옥 아닌 감옥살이를 시작해야 했습니다. 지금 생각해 보아도 끔찍한, '여기가 교회 맞아?' 하는 의문이 들 정도로, 교회의 어른이라는 장로가 12명이나 있었으나 누구 하나 나서서 시시비비를 가려 주지도 않았고, 동역자들이라고 해야 자기 발에 불똥이 튀지 않은 것만도 다행이라는 식으로 쉬쉬하며 등을 돌리기 일쑤였습니다. 또 한 번 쓰디쓴 좌절을 맛보는 순간이었습니다. 저도 이번이 정말 '마지막 기회'라고 생각되어 조심조심 노심초사하였는데, 저라고 이제 나이도 있고 하니 어떻게든 잘 견뎌 내어 다음 사역지를 찾아 안정된 자리로 옮겨 가야 한다는 생각을 왜 안 했겠습니까!

하지만 시련은 거기서 끝나지 않았고 오히려 시작에 불과했습니다. 교회로부터 두 달간의 여유를 받았지만 그 시간이 다 지나도록 좀처럼 사역지를 구할 수가 없었습니다. 담임목사가 돌아오고, 아니 그해가 다 가도록, 그동안 수십 통의 이력서를 이곳저곳에 보내 봤지만 저를 오라는 데가 없었습니다. 그도 그럴 것이, 이미 교회에서 일방적으로 해고된 상황에서, 담임목사의 추천서도 없이, 대부분의 교회가 교역자를 뽑을 때, 서류전형뿐만 아니라 전에 사역하던 곳에 연락하여 알아본 뒤에 인선하는 관례가 통용되고 있음을 모르는 바 아니었으므로, 저는 또 한 번 한국교회의 높은 담을 실감하곤 좌절할 수밖에 없었습니다.

저는 참으로 어리석고 미련한 사람입니다. 참 고지식하고 융통성이 없습니다. 요즘 같은 세상에 저는 인

맥도 없습니다. 그런데 요즘 교회들은 얼마나 눈이 높고 까다로운지 모릅니다. 백 없고 능력 없는 놈은 발붙일 곳이 없습니다. 간혹 몇 군데서 면접 보러 오라고 연락이 와서 기대를 갖고 달려가 보면 요리 재고 저리 재고, 과연 목회자를 평가하는 기준이 뭔지 각종 구비서류를 요구하며 어찌나 사람을 헌신짝 취급을 하는지…….

결국 해가 바뀔 즈음 새로 부임할 교역자를 들여야 하니 빨리 방을 비워 달라는 성화에 못 이겨 허겁지겁 간신히 길바닥에 나앉는 신세만 면한 채로 등 떠밀려 나왔고, 또다시 어렵사리 형제들의 도움을 받아 반지하 셋방을 얻어 거처를 옮길 수가 있었습니다.

그리곤 다시금 생활전선에 뛰어든 아내의 수고로 겨우겨우 밥은 먹고 살았는데, 그 후로 저는 극도의 상실감으로 인해 거의 폐인이 되고 말았습니다. 한 이 년 정도를 꼼짝 못하고 방바닥에 누워 지냈던 것 같습니다. 그러던 어느 날 아내가 땀에 흠뻑 젖은 채로 들어왔습니다. 처음에는 무슨 운동을 심하게 하고 왔는가 싶어 물어봤더니, 생활비를 벌려고 '전단지' 돌리는 일을 하고 왔다는 것이었습니다. 집집마다 계단을 오르내리며 문 앞에 치킨이나 피자 같은 광고전단을 붙이는 일이었습니다. 그러면서 '내일부터 당신도 같이 나가 볼래' 하는 것이었습니다. 그 순간 저의 암담한 현실이 눈에 들어왔습니다. 당시 중학생이던 큰아들과 유치원에 다니는 작은아들 이렇게 네 식구가 어떻게든 살아야 했습니다. 더 이상 피할 길이 없었습니다. 그때부터 우선 전단지 붙이는 일부터 시작했습니다. 하루 종일 발품 팔고 땀 흘리며 돌아다녀야 '이만 원' 정도를 벌었습니다.

한 번은 주일날이었는데, 집에서 한참 먼 곳에서 전단지 붙이는 일을 하고 있었습니다. '부동산 매매 전단지'였는데, 전단지는 일을 주는 사람이 요구하는 시간과 장소에 맞춰서 해야만 했습니다. 하지만 수중에는 집에 돌아갈 수 있는 차비 천 원 한 장 달랑 있었고 점심시간이 되어서 배가 고팠습니다. 그런데 문득 가까운 교회를 찾아가면 밥을 먹을 수 있겠다는 생각이 들었습니다. 시간을 보니 얼추 주일 대예배가 끝나고 막 식사들을 할 때였습니다. 그래서 주변에 제법 크고 그럴듯한 교회를 찾아 식당으로 들어갔습니다. 예상대로 많은 사람들이 밥을 먹고 있었고 배식대 앞에는 길게 줄이 늘어져 있었습니다. 저도 줄을 서서 기다렸는데, 제 차례가 되자 '거기 서 있던 사람'이 밥을 먹으려면 식권(이천 원)을 내고 먹으라는 것이었습니다. 제가 '돈이 없다'고 하자 곱지 않은 눈으로 저를 훑어보더니 참으로 한심하다는 표정을 짓고는 시선을 딴 곳으로 돌려 버리는 것이었습니다. 그 순간 가슴이 미어지는 아픔을 느꼈으나 저는 최대한 비굴하고 불쌍해 보이는 모습으로 연신 '죄송합니다'를 연발한 후에, 식판에 밥을 타 가지고 와서는 일단 밥을 먹었습니다. 그런데 제가 앉은 자리에서 멀지 않은 곳에 그 교회 교역자들로 보이는 한 무리의 사람들이 밥을 먹고 있었습니다. 순간 가슴이 철렁했지만 마침 이 교회가 저와 교단이 전혀 다르다는 것을 생각해 내고는 조금 안심이 되었습니다.

그 후로, 이제 교회는 제 가슴을 짓누르는 '거대한 바윗덩어리'가 되었습니다. 돌아다니다 보면 한국 땅에 교회가 참으로 많습니다. 구석구석에 어쩌면 그리도 자리를 잘 잡고 앉았는지, 사방이 아파트로 둘러싸여 있는가 하면 사람들이 지나다니는 길목마다 어김없이 교회가 버티고 서 있었고, 하루가 다르게 '야금야금' 땅따먹기 하듯 집들을 허물고 교회주차장으로 변모되어 가는 구획표시들을 흔하게 볼 수 있습니다. 하지만 때때로 붉은 벽돌의 견고한 성채처럼 세워져 있는 교회 건물을 올려다볼라치면, 과연 저 안에서는 또 무슨 일이 벌어지고 있으려나 걱정스럽고, 정작 가고 싶어도 갈 수 없는 사람이 있는가 하면, 교양 있는 모습에 화사한 옷차림과 은혜가 충만한 얼굴 표정, 그러나 저들의 심령과 내면의 풍경은 과연 어떠할지, 전에는 당연해 보이던 것들이 왠지 낯선 모습으로 다가오면서 채 아물지 않은 상처가 따끔거리는 것이었습니다.

나는 이 긴 내용의 편지를 받고, 몇 번이나 되풀이하여 읽었는지 모른다. 그리고 나와 함께 동역하던 100주년기념교회 전임목사들에게도 모두 읽게 하였다. 글 속에 등장하는 담임목사와 동일한 담임목사들이 한국교회에는 헤아릴 수 없이 많고, 현재의 부목사들이 어떤 경우에도 그런 담임목사가 되어서는 안 되기 때문이었다.

그대가 담임목사라면, 이 글이 그대에게는 무슨 생

각을 안겨 주었는가? 그대가 담임하는 교회에서 부목사는 그대에게 어떤 존재인가? 부목사가 교구 교인들을 온전히 책임지는 교구의 담임목사인가, 아니면 단지 그대의 수족일 뿐인가? 그대는 부목사를 그대를 능가하는 영적 지도자로 훈련시키고 있는가, 아니면 교회 부속물로 방치해 두는가? 담임목사인 그대와 부목사 간의 사례비 격차는 얼마나 되는가? 그대가 이런저런 명목의 수당을 합쳐 풍족한 사례비를 누리는 반면, 부목사는 쥐꼬리만 한 사례비로 생존의 위협을 받고 있는 것은 아닌가? 그대 역시 골프를 즐기면서, 골프보다 더 좋은 운동은 없다는 골프 예찬론자인가? 그리고 골프는 목회에 아무 지장도 주지 않는다고 강변하고 있는가? 만약 그렇다면, 나는 나의 경험상 그대의 강변과는 달리, 그대가 목사다운 목사일 수는 없다고 단언할 수 있다.

목사에게도 건강을 위해 운동은 필요하다. 그러나 목사의 소명이 곧 구별된 삶에 있다면, 목사는 목사로서 할 수 있는 것과 금해야 할 것을 스스로 구별해야 한다. 외국에는 도시마다 저렴한 경비의 퍼블릭 코스(public course)가 있어, 적잖은 한인 목사들이 경비가 싸다는 구실로 골프를 즐긴다. 오래전 외국에서 목회하는 젊은 목사가 골프에 대한 나의 견해를 물어 왔다. 현지의 많은 한인 목사들이 퍼블릭 코스에서 골프 치는 것을 당연시하는 데 대한 나의 생각을 물어 온 것이다. 나는 그에게 현지의 저렴한 골프 경비와는 상관없이, 일평생 교인들을 위해 목사다운 목사로 살기 원한다면 골프를 치지 않는 것이 좋다고 답해 주었다. 서른일곱 살의 나이로 신대원에 진학하기 직전까지 골프를 쳤던 나는, 구별된 삶을 지향하는 목사라면 왜 골프를 쳐서는 안 되는지 그 이유를 잘 알고 있다.

골프는 운동 중에서 가장 긴 시간을 필요로 하는 운동이다. 골프장에서 18홀 라운딩 하는 데만 최소한 4시간 30분이 소요된다. 게다가 대부분의 골프장은 도심에서 멀리 떨어져 있다. 골프장까지 가고 오는 시간에 식사 시간 등을 합치면, 골프 한 번 치기 위해서는 거의 하루를 할애해야 한다. 그러나 그것으로 그치는 것이 아니다. 골프 경기 자체에 장시간이 소요되다 보니, 경기가 끝난 뒤에도 머릿속에 경기의 잔상이 오랫동안 남기 마련이다. 골퍼들은 그 잔상을 통해 자신의 경기를 복기하게 되는데, 골퍼에게 복기는 골프 실력 향상을 위한 필수 과정이다. 목사가 골프에 빠졌다면 실력이 향상되고 있기 때문이고, 그것은 자기도 모르게 머릿속에서 그날 친 골프의 복기가 이루어지고 있음을 뜻한다. 목사가 한 번의 골프를 위해 거의 하루를 소비하는 것도 모자라, 골프장에서 돌아온 뒤에도 머릿속에서 낮에 친 골프의 복기가 계속 이어진다면, 세상과 구별되어야 할 목사의 영성은 잠식되지 않을 수 없다. 내가 서른일곱 살의 나이에 신대원에 진학하면서 그동안 즐기던 골프와 함께 바둑마저 끊어 버린 이유가 거기에 있었다. 바둑 역시 대국 시간이 짧지 않을뿐더러, 대국이 끝난 뒤에는 머릿속에서 오랫동안 복기가 이어지는 탓이다.

세상 모든 사람의 시간이 중요하지만, 목사의 시간은 특히 중요하다. 목사가 자신의 시간을 무엇을 위해 어떻게 사용하느냐에 따라 교인들의 영성의 깊이와 교회의 수준이 달라진다. 교인들의 눈과 귀를 막아 교인들을 기복주의의 노예로 만드는 것은 목사에게 가장 손쉬운 일이다. 그것은 특별한 노력을 필요로 하지 않는다. 교인들의 욕망을 자극하면서 성경을 왜곡하여 그들에게 면죄부를 안겨 주기만 하면 된다. 그런 목사와 교인들로 이루어진 교회가 소위 대형 교회라 해도 주님께서 천명하신 '내 교회'(마 16:18), 다시 말해 주님의 교회일 수는 없다. 목사가 교인들로 하여금 자기 욕망의 덫에서 탈피하여 열린 눈과 귀로 주님을 좇으며 하나님의 공의를 이 땅에 구현하는 빛과 소금으로 살게 하려면, 목사는 교인들에게 주님의 말씀을 바르게 일깨워 주기 위해 밤낮으로 영혼의 진액을 짜내지 않으면 안 된다. 골프 치느라 하루를 허비하고서도 머릿속으로 복기까지 계속하는 시간 관리로는, 목사에게 영혼의 진액을 짜내는 영성의 샘은 아예 생성될 수도 없다. 영성의 샘의 깊이는, 목사가 투자하는 영적 시간의 길이와 정비례하기 마련이다.

결국 골프에 아낌없이 시간을 투자하는 목사는 2장에서 언급한 아론형의 포퓰리스트 목사가 될 수밖에 없다. 듣기 거북해도 교인들이 반드시 들어야 할 하나님의 말씀이 아니라, 하나님의 말씀을 비틀고 왜곡하여 교인들이 듣기 좋아하는 자신의 말을 전하는 것이다. 그런 목사의 설교에 교인들이 즐거워하며 떼를 지어 모여도, 이제껏 그런 교회가 세상을 새롭게 한 적이 없었다는 것은 주지의 사실이다. 그리고 나는 골프를 즐겨 치는 목사들의 설교나 글 가운데, 인간의 심령 깊은 곳에 말씀의 그물을 던져 '백쉰세 마리의 물고기'(요 21:11)를 끌어 올리게 해주는 설교나 글을 아직까지 접해 본 적이 없다.

더욱이 퍼블릭 코스가 보편화되어 있는 선진 외국과는 달리, 골프장마다 회원제로 운영되는 국내에서 골프는 대단히 비싼 운동이다. 서민이 골프를 즐길 수 없는 이유가 바로 그것이다. 서민이 생각할 수도 없는 골프를 목사가 버젓이 즐기는 것은 스스로 특권층임을 자인하는 것이다. 그렇기에 골프 치는 담임목사 가운데 부목사를 골프채나 옮기는 짐꾼 정도로 여기는 목사도 얼마든지 있을 수 있다. 어느 유명 목사는, 자신의 골프 경비는 항상 교인들이 대납해 주므로, 자신은 일 원 한 푼 들이지 않고 골프를 즐긴다며 공개석상에서 자랑스럽게 밝혔다. 스스로 특권층이라 여기지 않고서는 발설할 수 없는 말이었다. 목사가 특권층으로 행세하는 것은 중세 로마가톨릭교회의 사제처럼 목사 타락의 증거다. 그렇지 않고서야 목사가 기업 총수처럼 거액 연봉에 비서실을 두고 전용기사가 운전하는 대형 승용차를 타고 골프장을 찾을 수는 없다. 그런 삶으로 교인들을 섬기겠다는 것은 애당초 거짓말이다.

담임목사의 신앙관과 목회관은 그의 설교를 통해서는 확인하기 어렵다. 말의 향연은 누구에게나 가능한 탓이다. 담임목사의 신앙관과 목회관을 쉽게 확인할 수 있는 두 가지 척도가 있다. 모두 돈과 관련된 척도다.

첫 번째 척도는 하나님께 바쳐진 헌금의 사용처다. 교인들이 힘겹게 번 돈 가운데 하나님께 바친 헌금을 교회가 어떤 용도로 어떻게 사용하느냐에 따라 그 교회가 어떤 교회인지 확인된다. 그것은 담임목사의 신앙관 및 목회관과 불가분의 관계에 있다. 거의 모든 교회에서 예산 수립과 집행에 담임목사의 영향력은 절대적이다. 한국 교회 가운데 회계 원장을 일 원 단위까지 공개하는 교회는 극소수에 지나지 않는다. 회계 원장 공개를 꺼리거나 반대하는 교회는, 오로지 한 가지 이유 때문일 것이다. 헌금 사용처가 교인들에게 공개하기에는 떳떳하지 못한 것이다. 바로 그것이 그 교회 담임목사의 신앙관이요 목회관이다. 만약 교회가 판공비나 기밀비 혹은 선교비 명목으로 담임목사의 골프 경비를 교인들이 하나님께 바친 헌금으로 처리하고 있다면, 그 교회는 담임목사를 사주로 모신 종교 기업일 뿐 주님께서 당신의 핏값으로 사신 거룩한 교회일 수는 없다.

담임목사의 신앙관과 목회관을 쉽게 확인할 수 있는 두 번째 척도는, 담임목사가 받는 사례비의 액수다.

요즈음은 억대 연봉을 받는 목사들이 너무 많다. 인간을 살리시기 위해 당신 자신을 버리신 주님의 종이라면, 그 종의 신분에 걸맞은 사례비를 받는 것이 마땅할 것이다.

로마가톨릭교회의 교황이 사제들에게 편지나 공문을 보낼 때는 자신을 '하느님의 종들의 종'(Servus Servorum Dei)이라 칭한다고 한다. 모든 사제들은 하나님의 종들이고, 교황 자신은 그 사제들의 '종'이라는 것이다. 이를테면 교황 자신이 최말단의 종이라는 의미다. 그러나 '하느님의 종들의 종'이라 스스로 칭하는 교황은 제왕처럼 화려하고 거대한 바티칸 왕궁에서 살고 있다. 그러고서도 과연 '종들의 종'으로 살 수 있을까? 개신교의 뿌리라 할 수 있는 로마가톨릭교회에는 배울 점이 많다. 나는 로마가톨릭교회에 대해 외경심도 갖고 있다. 그러나 아무리 좋게 이해하려고 해도, 화려하고 거대한 왕궁에서 사는 교황이 자신을 '종들의 종'이라 자칭하는 것은, 주님의 종이라면 반드시 피해야 할 언어의 유희 이상으로는 들리지 않는다.

똑같은 논리로, 교인들의 평균 수입과는 비교도 할 수 없는 거액의 연봉을 받는 목사가 자신의 삶을 던져 교인들을 섬기는 종으로 살아간다는 말 역시 나는 믿을 수 없다. 담임목사의 신앙관과 목회관의 진정성은 그가 교회에서 수령하는 사례비의 액수로 드러나는 법이다. 그러므로 담임목사는 언제나 자신의 사례비부터 절제할 수 있어야 한다. 자신의 사례비를 절제하지 못하는 목사는 자기 영성의 샘을 고갈시키는 골프를 포함하여 그 무엇도 절제할 수 없다. 받고 싶은 대로 다 받고 갖고 싶은 것 모두 가지려는 사람은 목사가 아니라 종교사업가다. 얼마든지 많이 받을 권리를 갖고 있지만 주님과 교인들을 위해 그 권리를 자발적으로 포기하는 사람, 바로 그 사람이 목사다.

그대는 어느 쪽인가? 돈에 관한 한 세상의 기업가와 아무 차이가 없는 종교사업가인가, 아니면 그대의 권리를 누군가를 위해 자발적으로 포기하는 주님의 종인가?

그대가 만약 부목사라면, 앞에 게재된 부목사의 글을 읽으며 무슨 생각을 하였는가? 사역지를 잃은 그 부목사는 생계를 위해 일당 이만 원에 전단지를 붙였다. 주일 점심시간에 허기진 배를 채우기 위해 근처 교회 식당을 찾아간 그는, 식권 살 돈 이천 원이 없어 곤욕을 치렀다. 마침 그 교회 부목사들도 점심식사를 하고 있었다.

그러나 그들 중 아무도 그 가련한 부목사가 식권도 없이 자기 교회 식당에서 한 끼를 때우고 있다는 사실은 몰랐다. 어쩌면 그 가련한 부목사와 같은 많은 부목사들이 주일마다 어느 교회의 식당에서 한 끼의 끼니를 때우고 있는지도 모른다.

그대는 어떤가? 그대는 일당 이만 원에 전단지를 붙이는 부목사보다 더 우월한가? 1장에서 언급한 것처럼, 목사의 수요와 공급의 균형은 벌써 오래전에 깨어져 버렸다. 목사 안수를 받고도 사역지를 찾지 못한 목사들이 헤아릴 수 없이 많다. 그대가 지금 어느 교회의 부목사라면, 아직 사역지를 찾지 못한 수많은 목사들보다 그대가 모든 면에서 월등하게 뛰어나기 때문인가?

나는 주님의교회, 제네바한인교회, 100주년기념교회, 이렇게 세 교회를 담임목사로 섬겼다. 하지만 내가 잘났기 때문이라고 생각해 본 적은 없었다. 목사로 주님의 부르심을 받기 전, 나는 허랑방탕하게 살던 쓸모없는 인간이었다. 하지만 주님께서 핀셋으로 나를 집어내시고, 일평생 목사로 살게 하셨다. 그래서 나는, 나를 집어내어 목사로 세우신 주님의 사랑에 대한 채무감을 잊어 본 적이 없었다. 삼십여 년에 걸친 나의 목회의 동기는 오직 주님의 사랑에 대한 채무감이다. 나는 이런 생각을 하곤 했다. 주님께서 다른 목사를 나의 자리에 앉히셨다면, 교인들은 그 목사와 더불어 영적으로 훨씬 더 성숙하고 행복하지 않을까? 이런 생각이 들 때마다, 주님께서 부족한 나를 믿으시고 내게 붙여 주신 교인들을 위해 나 자신을 더욱 채찍질하지 않을 수 없었다.

그대의 경우는 어떤가? 다른 부목사가 지금 그대의 자리에 앉아 그대의 사역을 대신한다면, 교인들에게는 오히려 그편이 훨씬 더 유익한 것은 아닌지, 그대는 한 번이라도 정직하게 숙고해 본 적이 있는가?

오늘날 정치인인지, 재벌 총수인지, 협잡꾼인지, 구별조차 불가능한 목사들이 도처에 널려 있다. 그러나 그들이 어느 날 하늘에서 뚝 떨어져 내린 것은 아니다. 그들 역시 언젠가는 모두 부목사들이었다. 그러나 그들이 신학교를 졸업한 뒤, 부목사 시절부터 자신을 바른 목사로 가다듬지 않은 결과가 오늘날 그런 모습으로 드러난 것뿐이다. 그런 의미에서 부목사 시절의 중요성은 아무리 강조해도 지나침이 없다. 해마다 종교개혁주일이 되면 목사들은 개혁을 외친다. 그러나 교회 개혁은 곧 목사 개혁이요, 목사 개혁 속에는 당연히 부목사도 포함된다. 부목사 시절에 부단하게 자신을 개혁하지 못한 사람이 담임목사가 되면, 그 목사의 자기 개혁은 아예 불가능해진다. 자기 개혁이 수반되지 않는 사람이 담임목사가 되는 것은, 부목사 시절보다 가능성이 훨씬 더 큰 타락의 길로 들어서는 것을 의미하기 때문이다.

성경을 면밀하게 들여다보라. 어느 시대, 어느 곳에서 절대다수의 이스라엘 백성이 하나님을 바르게 경외한 적이 있었던가? 오히려 성경은 그 반대의 사실을 증언하고 있다. 절대다수의 이스라엘 백성은 하나님의 선민을 자처하면서도, 그들의 욕망을 위해 늘 하나님을 등지고 살았다는 것이 성경의 증언이다. 절대다수의 제사장들이 항상 부패해 있었기 때문이다. 절대다수의 제사장들이 절대적으로 부패하지 않았던들 이스라엘 백성의 영적 타락도 초래되지 않았을 것이요, 하나님께서 그들을 질타하는 선지자들을 연이어 보내시지도 않았을 것이다. 하지만 부패한 제사장들은 선지자들이 전하는 하나님의 말씀마저 배척해 버렸다. 그들 속에 오늘날의 부목사와 같은 젊은 제사장들도 포함되어 있었을 것은 두말할 나위도 없지 않은가? 하지만 그들 역시 부패한 제사장의 길을 답습하였다. 보고 배운 것이 그것이었기 때문이다.

부목사인 그대가 어느 날 담임목사로 청빙받았다고 그날부터 절로 참다운 담임목사가 되는 것은 결코, 결코 아니다. 그대가 지금 부목사 시절부터 소명의식에 투철한 목사의 삶을 살아 낼 때에만, 언제 담임목사로 부름 받더라도 그대는 목사직을 올곧게 수행하는 참다운 담임목사로 살아갈 수 있다.

다음은 군목 출신 목사가 내게 보낸 글이다.

(전략)

그렇게 군에서 푸른 청춘들과 지내다가 소령 나이 정년에 걸려서 2017년 4월에 제대해서 민간 교회(군인들은 사람을 구분할 때 민간인과 군인으로 구분합니다. 군목들도 교회 구분을 민간 교회, 군인 교회로 합니다. 버릇을 고치려고 해도 쉽게 고쳐지지가 않네요. 목사님의 너그러운 양해 부탁드립니다)에서 사역을 하다 6월에 그만두게 되었습니다.

그만두었다는 말은 듣기 좋은 표현이고 사실은 해고당했습니다. 2018년 5월 18일 금요일 경건회 끝나고

로비에서 담임목사님께 6월 마지막 주까지 하고 그만두라는 해고 통보를 들었습니다. 큰 망치로 뒷머리를 강타당한 느낌이었습니다. 이유를 물어보려 했지만 묻지 않았습니다. 저의 신상에 관한 것도 6월 24일 주보에 실려서 성도분들도 당일에 알게 되었습니다. 그렇게 교회를 나오고 보니 저와 같은 나이대의 가장들이 '해고는 살인이다'라는 글이 쓰여진 머리띠를 머리에 두르고 농성을 하는 이유를 알 것 같았습니다.

제가 해고를 당한 이유를 짐작은 합니다. 아직은 젊습니다. 올해 만 46세입니다. 그리고 군에 있을 때도 강직하다는 말을 들었습니다. 담임목사님께 아닌 것은 아니라고 이야기했습니다. 교회를 떠난 뒤에 장로님들과 성도분들이 이런 말씀을 하셨습니다. "목사님 첫 설교 듣고 오래 있기 틀렸구나 했습니다."

저는 제가 그렇게 뛰어난 사람이라고 생각하지 않습니다. 군에 있을 때도 저보다 높은 계급을 가진 성도도 많았습니다. 계급이 높으면 그만큼 연륜도 있고 학식도 저보다 한참이나 뛰어납니다. 3성 장군 정도면 군 생활이 30년 이상입니다. 그리고 교회에서도 장로의 직분을 감당하는 분이니 그분 앞에서 제가 가진 학식이나 경험은 미천합니다. 그렇다고 낮은 계급을 무시하지도 않았습니다.

부친과 모친께서는 고향 교회의 원로장로로, 권사로 섬기고 계십니다. 언제나 하시는 말씀이 가장 힘없고 못 배운 이들을 먼저 챙기라는 말씀을 늘 하셨습니다. 결혼식은 못 가더라도 장례식은 꼭 가야 한다가 목사인 아들에게 해주시는 말씀이었습니다. 그래서 언제나 가장 낮은 자리에 있는 분들을 먼저 챙기는 그런 목사였습니다. 그런데 그런 이야기를 듣고 나니 서글퍼졌습니다.

제가 신학교 다닐 때도 부목사나 전도사는 절대로 담임목사보다 설교를 잘해서는 안 되고 담임목사의 잘못도 눈감고 그냥 넘어가야 한다고 배웠습니다. 그러나 정말로 아닌 것은 아닌 것 아닌가 하는 생각을 품고 지냈습니다. 그런데 20년이 지난 지금 사회에 나와 보니 교회는 변한 것이 하나도 없었습니다. 신학교 시절 기존 교회의 잘못은 지적하며 개혁해야 한다고 하신 분들이 제가 있었던 교회의 담임목사님 세대입니다. 그런데 그 세대들도 그 벽을 못 넘었다는 현실에 서글프고 가슴이 너무 아팠습니다.

일 년이 지나면서 (당시 다니던 교회) 담임목사님께서는 제가 담임목사로 나갈 수 있는 곳이 있는지 알아보고 있냐고 물으셨습니다. 그러던 중 올 초에 동기 소개로 한 교회를 알게 되었습니다. 소위 말하는 선을 보러 갔습니다. 설교가 끝나고 며칠 뒤에 목사님을 만났습니다. 결론은 1억 5천을 가지고 오라는 것이었습니다. 좌절의 맛을 보았습니다. 담임목사님은 요즘 추세가 그러는데 1억 5천 정도면 무난하지 않냐고 하셨습니다. 저도 군에 있으면서 이런 이야기를 들었습니다. 그러나 막상 현실에서 이런 이야기를 들으니 정말 마음이 아팠습니다. 그렇게 지내다 봄에는 지방에 있는 교회에 원서를 넣었습니다. 청빙이 안 되었습니다. 이유는 아이들이 많다는 것이었습니다. 저희 가정은 아들, 딸, 아들, 세 자녀가 있습니다.

두 번의 청빙과정을 거치고 해고를 당하면서 마음이 상할 대로 상했고 너무나 슬펐습니다. 지금은 도서관에 다니면서 말씀 묵상과 독서로 상한 저의 영혼과 몸을 추스르고 있습니다. 사역할 교회도 알아보고 있습니다.

저에게는 군에서 나오면서 받은 퇴직금이 있습니다. 그 돈으로 서울에 전세를 구했습니다. 1억 5천이면 전세금입니다. 동기들이나 주위 목사님들이 그러더군요. "세상이 그러니 그냥 들어가서 잘 해봐." 저와 아내는 군에서 나오면서부터 이런 청빙은 거절하자고 했습니다. 당연히 처음 교회는 거절했습니다. 그런데 해고를 당하고 나니 동기들이나 주위 목사님들이 그러더군요. "그때 갔으면 험한 꼴 안 당했지." 그 말을 들었을 때 제 마음도 살짝 흔들렸습니다. 그러나 그 일은 결코 제가 믿는 주님이 기뻐하시지 않는 일이란 확신이 있습니다. 그래서 앞으로도 그런 제안에는 거절하자는 것이 저와 아내의 결심입니다.

무릇 소명감을 지닌 담임목사라면 함께 동역하는 부목사들을 위해 세 가지 역할을 수행해야 한다. 첫째는 동료의 역할이다. 목회의 길을 함께 걷는 길벗이 되어 주는 것이다. 둘째는 조련사의 역할이다. 부목사들이 목사직을 올곧게 수행해 내게끔 이끌고 조련하여, 그들이 담임목사인 자신을 능가하여 한국 교회 미래를 지탱하는 버팀목이 되도록 돕는 것이다. 마지막은 감독자의 역할이다. 목사들은 교인들이 하나님께 바친 헌금으로 생활하는 사람들이다. 이를테면 교인들은 헌금을 바치는 자원봉사자들인 반면에, 목사들은 교인들의 헌금으로 봉급을 수령하는 유급 봉사자들이다. 무릇 돈을 받고 일하는 사람은 모두 프로페셔널이어야 한다. 그러므로 담임목사는, 부목사들이 교인들의 헌금으로 봉급 받는 프로페셔널 교역자답게 교인들을 섬기고 있는지, 교인들을 대표하여 그들을 감독할 의무를 지닌다.

부목사들을 위한 이 세 가지 역할에 충실한 담임목사는, 일평생 교인들을 위해 올곧은 프로페셔널 목사로 살아가려는 부목사들에게는 좋은 선생이자 은인이 될 것이다. 하지만 적당하게 직업인으로 때우려는 부목사들에게는 원망의 표적이 될 것이다. 한 가지 분명한 사실은, 그 세 가지 역할에 충실한 담임목사만 부목사들을 키워 주는 디딤돌이 될 수 있다. 그대가 담임목사라면, 부목사들이 그대를 딛고 그대보다 한 단계 더 높이 설수 있도록 그들을 키워 주어야 한다. 한국 교회의 미래를 위해 그보다 더 중요한 일은 없다. 그대가 세상을 떠난 뒤, 하나님께서 그대가 디딤돌이 되어 주었던 부목사들을 통로로 삼아 한국 교회의 미래를 새롭게 일구실 것은 생각하는 것만으로도 감격스럽지 않은가? 그것이 가능하기 위해서는, 그대가 담임목사의 세 가지 역할을 완수할 수 있게끔 먼저 그대 자신에게 엄격해야 한다.

나는 군목 출신의 부목사를 해고한 담임목사에게 묻고 싶다. 그대가 그 부목사를 청빙 두 달 만에, 그것도 한 달 사전 통보로 해고한 까닭이, 그 부목사가 그대보다 설교를 잘했기 때문이라는 것이 사실인가? 그렇다면 그대는 그대 자신의 설교에 대해 열등감을 지니고 있음이 분명하다. 매주일 열등감에 사로잡힌 그대의 설교를 들어야 하는 그대 교회 교인들이 무척 걱정스럽다. 열등감에 사로잡힌 그대는 교인들을 가장 손쉽게 기복주의의 덫에 가두어 두려 할 것인즉, 주일마다 눈과 귀가 점점 멀어져 갈 그대 교회 교인들은 얼마나 가련하고 불행한가? 그대가 진정으로 교인들을 사랑하는 담임목사라면 그대보다 설교 잘한 부목사를 청빙 두 달 만에 해고할 것이 아니라, 오히려 교인들을 위해 그에게 설교의 기회를 더 자주 주는 것이 옳은 처신 아니었겠는가? 그리고 그대가 그의 나머지 부족한 부분을 보완해 주기 위해 동료, 조련사, 감독자의 역할을 다했더라면, 그 부목사가 한국 교회 미래를 위한 크나큰 자산이 되지 않겠는가?

그대를 능가하는 설교를 듣지 못하도록 교인들의 눈과 귀를 가로막고 나선 그대는, 지금부터 주님의 말씀에 정말 귀를 기울이지 않으면 안 된다.

누구든지 나를 믿는 이 작은 자 중 하나를 실족하게 하면 차라리 연자 맷돌이 그 목에 달려서 깊은 바다에 빠뜨려지는 것이 나으니라 실족하게 하는 일들이 있음으로 말미암아 세상에 화가 있도다 실족하게 하는 일이 없을 수는 없으나 실족하게 하는 그 사람에게는 화가 있도다(마 18:6-7).

군목 출신의 부목사에게 일억 오천만 원을 요구했다는 담임목사에게도 묻고 싶다. 그대가 그대의 후임 지원자에게 일억 오천만 원의 거금을 요구한 근거는 대체 무엇인가? 그것이 전임자인 그대가 받아 마땅한 권리금인가? 만약 그렇다면 그것은, 그대가 지금까지 목회해 온 교회는 그대 개인의 소유물이고, 그대 자신이 그 교회의 소유주란 말 아닌가? 그대가 여태껏 목회해 온 교회가 실은 교회가 아니었고, 그대 역시 목사를 사칭한 종교 장사꾼일 뿐이라는 증거가 그 이외에 또 있을 수 있겠는가? 그리고 일억 오천만 원이면 요즈음 추세에 무난한 조건이라고 조언했다는 또 다른 담임목사에게도 묻는다. 그대가 그렇게 조언한 것은, 그대 역시 퇴임할 때에 그대의 후임자에게 거액의 권리금을 챙길 것이란 말 아닌가? 그렇다면 그대 또한 목사를 사칭한 종교 장사꾼 이상일 수는 없지 않은가?

다음은 사도 바울의 증언이다.

우리가 여러분에게 영적인 것으로 씨를 뿌렸으면, 여러분에게서 물질적인 것으로 거둔다고 해서, 그것이 지나친 일이겠습니까? 다른 사람들이 여러분에게 이런 권리를 가졌다면, 하물며 우리는 더욱 그러하지 않겠습니까? 그러나 우리는 이런 권리를 쓰지 않았습니다. 우리는 그리스도의 복음을 전하는 일에 지장을 주지 않도록, 모든 것을 참습니다. 성전에서 일하는 사람은 성전에서 나는 것을 먹고, 제단을 맡아보는 사람은 제단 제물을 나누어 가진다는 것을, 여러분은 알지 못합니까? 이와 같이 주님께서도, 복음을 전하는 사람들에게는 복음을 전하는 일로 살아가라고 지시하셨습니다. 그러나 나는 이런 권리를 조금도 행사

하지 아니하였습니다. 또 나에게 그렇게 하여 달라고
이 말을 쓰는 것도 아닙니다. 그렇게 하느니, 차라리
내가 죽는 편이 낫겠습니다. 아무도 나의 이 자랑거리
를 헛되게 하지 못할 것입니다. 내가 복음을 전할지라
도, 그것이 나에게 자랑거리가 될 수 없습니다. 나는
어쩔 수 없이 그것을 해야만 합니다. 내가 복음을 전
하지 않으면, 나에게 화가 미칠 것입니다. 내가 자진
해서 이 일을 하면 삯을 받을 것입니다. 그러나 내가
마지못해서 하면, 직무를 따라 한 것입니다. 그리하면
내가 받을 삯은 무엇이겠습니까? 그것은, 내가 복음
을 전할 때에 값없이 전하고, 복음을 전하는 데에 따
르는 나의 권리를 이용하지 않는다는 그 사실입니다
(고전 9:11-18, 새번역).

복음을 전하여 가르치는 직무를 수행한 바울은 교
인들에게 생활비를 받을 권리가 있었다. 하지만 그는 그
권리를 행사하지 않았다. '복음에 장애가 없게 하기' 위
함이었다. 다시 말해 복음을 막 영접한 초신자들이 바울
의 생활비를 충당하느라 시험당하는 일이 없게 하기 위
함이었다. 그는 우리가 잘 아는 것처럼 천막을 만들어

팔면서 자비량으로 복음을 전했다. 그리고 복음을 전하면서도 자신의 권리를 행사하지 않는 것을 도리어 자신이 받을 '삯'으로 여겼다. 바울에게 어떻게 그런 삶이 가능했을까? 하나님께서 천국에서 주실 '상급'(빌 3:14)과 '의의 면류관'(딤후 4:8)을 그가 확신했기 때문이다. 그러므로 자기 목회에 대해 이 땅에서 주장할 수 있는 권리를 모두 행사하려는 목사는 천국도, 하나님의 상급도 믿지 않는 불신자에 불과할 따름이다. 그리고 자신이 믿지도 않는 것을 교인들에게 믿으라고 설교하는 것은 곧 사기다.

개신교의 목사들은 잊지 말아야 한다. 우리는 로마가톨릭교회의 성직매매에 저항한 프로테스탄트들이다. 우리가 목사, 장로, 안수집사, 권사를 포함한 모든 성직과 관련하여 단돈 일 원이라도 수수한다면, 그것은 우리 자신이 짝퉁 프로테스탄트 목사임을 스스로 공포하는 것이다. 그런 짝퉁 목사가 과연 공직자에게 뇌물을 받지 말라고 설교할 수 있으며, 불의한 사회를 향해 정의를 외칠 수 있겠는가? '나는 비천에 처할 줄도 알고 풍부에 처할 줄도 알아 모든 일 곧 배부름과 배고픔과 풍부와 궁핍에도 처할 줄 아는 일체의 비결을 배웠노라'(빌 4:12)는 바울의 자족 선언을 자기 삶의 고백으로 삼지 않으면, 우리는 결코 바울처럼 이 어둔 세상에 하나님의 은혜의 복음을 삶으로 실천하기 위해 우리의 생명을 걸지는 못할 것이다(행 20:24).

오늘날 우리 사회 각계각층이 심각할 정도로 부패한 것은 목사의 금전적 부패와 무관하지 않다. 맘몬에 빠진 목사가 추구하는 금력은 절대로 세상을 새롭게 하지 못한다. 오히려 세상의 부패를 가중시킬 뿐이다. 이 세상을 새롭게 하는 힘은, 금력과는 구별된 목사의 영성이다. 참된 영성만 금력을 무력화시킨다.

지금까지 소개한 네 건의 사례는, 지난 삼십여 년 동안 내가 받아 온 젊은 목사들의 상담 요청에 비하면 빙산의 일각에 지나지 않는다. 오늘날 한국 교회는 세 가지 비극에 직면해 있다. 부목사를 포함한 대부분의 목사들이 영육 간에 타락했다는 것이 첫 번째 비극이요, 그들이 자신들의 타락을 자각하지 못하는 것이 두 번째 비극이다. 그리고 타락한 목사들로 인해 교인들이 기복주의의 덫에서 벗어나지 못하는 것이 마지막 비극이다. 그러나 이것은 비단 우리 시대에 국한된 문제인 것만은 아니다.

다음의 두 글은 이 땅의 목사들과, 그 목사들에 의해 양육받은 교인들의 실태에 대한 각각 다른 두 분의 글이다. 먼저 첫 번째 글이다.

주여, 주의 양들이 주렸나이다. 목말랐나이다. 삯꾼들이 주는 꼴은 참꼴이 아니로소이다. 제 생각, 제 솜씨로 장만한 꼴이로소이다. 주여, 그들에게 참꼴이 없나이다. 주의 살을 먹여 줄 목자가 없나이다. 주의 피를 마시울 그 아무도 없나이다. 주의 생명을 그대로 줄 종들이 없나이다. 오, 주여! 그들에게는 모든 것이 다 갖추어져 있나이다. 그러나 그들의 생명은 말랐나이다. 죽게 되었나이다. 주여, 누구를 보내어 주의 양을 살리시려 하시나이까? 생명 양식을 주시려 하나이까? 오, 주여! 내가 여기 있사오니 나를 보내옵소서.

이 글을 쓴 분의 눈에, 이 세상의 목사들은 다 타락한 목사들이다. 그래서 목사다운 참 목사를 찾아볼 수 없는 아픔을 여과 없이 토로함과 동시에, 이사야 선지자처럼 자기 자신을 하나님께 제물로 바치고 있다.

다음은 두 번째 글이다.

오늘날의 신자를 향하여 '그대가 예수님을 믿는 목적이 무엇이냐'고 물으면, 곧 대답하기를 '죄 사함을 입어 영생에 들어가기 위하여'라고 합니다. 그러나 사실이 그렇습니까? 그보다도 생활이 나아지기 위하여, 남의 신용을 얻기 위하여, 인격수양을 얻기 위하여, 사회사업을 하기 위하여 믿는 자가 더 많지 않습니까? 그 증거로는, 저희 중에 자기 죄를 위하여 슬퍼하는 사람이 없다는 것입니다. 그들은 죄라면 살인강도나 간음, 사기 같은 법률상의 죄로만 알 뿐이요, 그런 잘못이 없는 한 자기는 의인인 줄로 압니다. 기도할 때는 습관처럼 '저는 죄인이오나……' 하지만, 머리를 들고 있는 동안은 자신이 죄인이라는 생각은 조금도 없습니다. 영생을 원한다고 하나, 그 영생은 늙은이에게는 욕심밖에 더 되는 것 없고, 젊은이에게는 내용 없는 빈말밖에 되는 것이 없습니다. 불신자가 누리는 세상 영화에서 털끝만 한 것도 빼지 않고 다

누린 후, 천당에 가서 불신자는 못 가지는 복락을 또
한 가지 더 얻자는 것이니, 욕심의 변태가 아니고 무
엇이겠습니까? 몸은 비록 죽으나 우리의 사업과 정
신은 후에 남는 것이라고 생각하니, 텅 빈 말이 아니
고 무엇이겠습니까?

타락한 목사들에 의해 영적으로 눈이 멀고 기복주의
의 덫에 갇혀 버린 교인들의 실태를 여지없이 고발한 글
이다. 이미 언급한 것처럼 타락한 목사가 목사직을 보존
하는 가장 쉬운 길이, 교인들을 기복주의의 덫에 가두어
눈과 귀를 멀게 만들어 버리는 것이다. 그것은 교인들을
목사 개인의 사병으로 전락시키는 지름길이다.

위의 두 글 모두 오늘날 목사들과 교인들의 실태 및
문제점을 족집게처럼 집어낸 글처럼 보인다. 그러나 놀
랍게 두 글 모두 우리 시대의 글이 아니다.

첫 번째 글은 1931년에 차재선 전도사가 쓴 글이다.
차재선 전도사는 신사참배를 거부하고 일제의 검거를
피해 다니다가 병사하였다. 그때 그의 나이 불과 삼십삼
세였다. 그 강직한 젊은 전도사의 눈에 당시의 목사들

은 모두 삯군으로 투영된 것이다. 그리고 두 번째 글은 1935년에 쓰여진 김교신 선생의 글이다. 목사인 그대에게 김교신 선생을 소개하는 것은 사족이 될 것이다. 그분은 누구보다 주님을 깊이 사랑한 분이었다.

사람들은 옛날로 거슬러 올라갈수록, 목사들과 교인들이 지금보다 더 성경적이었을 것이라고 착각한다. 하지만 방금 소개한 두 분의 글은, 약 한 세기 전의 교회와 오늘날의 교회 사이에 아무런 차이가 없음을 확인시켜 주고 있다. 참된 그리스도인으로 살고자 했던 차재선 전도사와 김교신 선생은, 그들을 불편하게 여긴 당시의 목사들에 의해 배척당했다. 이처럼 어느 시대를 막론하고 주님을 바르게 좇으려는 사람들의 눈에는, 대부분의 목사들이 목사다운 목사로 보이지 않았다. 이것은, 목사가 부단한 자기 부인을 통해 목사다운 목사로 살아가는 것이 말처럼 쉬운 일이 아님을 일깨워 주고 있다. 그러므로 목사는 목사이기 이전에 먼저 주님의 도를 좇고, 그 도를 입이 아닌 삶으로 살아 내며 증언하는 전도인(傳道人)이 되지 않으면 안 된다.

사도 요한은 요한복음 1장에서 하나님과 예수님을

다음과 같이 소개하고 있다.

> 태초에 말씀이 계시니라 이 말씀이 하나님과 함께 계
> 셨으니 곧 하나님이시니라(요 1:1).

> 말씀이 육신이 되어 우리 가운데 거하시매 우리가 그
> 의 영광을 보니 아버지의 독생자의 영광이요 은혜와
> 진리가 충만하더라(요 1:14).

하나님께서 말씀이시고, 그 말씀이 육신을 입고 이
땅에 오신 분이 하나님의 독생자이신 예수님이시다. 한
국 개신교 최초의 신약성경은 1887년 만주 봉천에서 출
간된 《예수성교전서》이다. 로스 선교사가 번역 작업을
주도하여 '로스역 성경'이라고도 불린다. 그 성경은 위
의 두 구절을 각각 다음과 같이 번역하였다.

> 처음에 도(道)가 있되 도가 하나님과 함께하니 도는
> 곧 하나님이라

> 대저 도가 육신을 입어 넉넉히 은총과 진리로 우리

사이에 거하여 우리가 그 영화를 본 것이 아버지가 낳은 외아들의 영화와 같으니라

《비전의 사람》과 《사명자반》에서도 언급한 것처럼, 우리나라 최초의 신약성경은 '말씀'을 '도'로 번역하였다. '도'의 사전적 의미는 '마땅히 지켜야 할 도리', '종교적으로 깊이 깨달은 이치 또는 그런 경지'를 뜻한다. 한자로는 '길 도(道)'이다. 참으로 탁월한 번역이다. 헬라어 '로고스'(λóγος)를 '말씀'으로 옮긴 것도 물론 좋은 번역이다. 하지만 자식에게는 부모의 말도 '말씀'이고, 부하직원에게는 상사의 '말'도 '말씀'이다. 교인들은 목사의 설교도 '말씀'이라면서, '우리 목사님 말씀이 좋다'고 거리낌 없이 말하기도 한다. 이처럼 '말씀'은 너무나도 흔하게 통용되는 단어이기에, 하나님의 '말씀'이 인간의 '말씀'과 구별되기 어렵다. 그러나 '도'는 다르다. 누구든 '도'라 하면, 일단 숙연해진다. 그 단어가 지닌 차별성 때문이다. 한국 개신교가 현재 사용 중인 개역개정판 성경에는 '로고스'의 번역이 '말씀'으로 바뀌어 있지만, 얼마 전까지 사용하던 개역한글판 성경에도 '로고스'를 '도'라고 번역한 구절들이 있었다.

때에 스데반의 일로 일어난 환난을 인하여 흩어진 자
들이 베니게와 구브로와 안디옥까지 이르러 도(로고
스)를 유대인에게만 전하는데(행 11:19).

도(로고스)를 버가에서 전하고 앗달리아로 내려가서
(행 14:25).

대한성서공회 총무를 역임한 민영진 박사의 지적처
럼, 우리말 성경이 원래 '도'라고 번역되었던 '로고스'를
일률적으로 '말씀'이라 바꾸어 버린 것은 무척 아쉬운
일이다. 흔하디흔한 '말씀'보다, 차별성을 지닌 '도'의
의미와 어감이 훨씬 더 깊다. 인간의 말도 '말씀'인 하나
님의 '말씀'을 좇는 것과, 인간의 말과는 본질적으로 차
별성을 지닌 하나님의 '도'를 좇는 것은, 그 '도'를 대하
는 사람의 마음가짐부터 달라진다.

태초부터 하나님께서는 '도'이셨다. 영원한 생명의
'도', 영원한 사랑의 '도', 영원한 진리의 '도', 그 '도'가
곧 하나님이셨다. 하지만 범죄한 인간은 그 '도'를 상실
하고 말았다. 죄인으로 전락한 인간은 그 '도'를 볼 수도
없었고, 그 '도'로 되돌아갈 자격이나 능력도 없었다. 죄

속에서 죽어 가는 불쌍한 인간을 위해 성자 하나님이신 예수님께서 육신을 입고 이 땅에 오셨다. 예수님께서는 당신의 몸과 삶으로 그 '도'를 인간에게 직접 보여 주셨다. 그리고 당신 자신이 인간을 위한 십자가의 제물이 되시어, 인간이 그 '도'로 복귀할 수 있게끔 구원의 은혜를 베풀어 주셨다. 그러므로 그 구원의 은혜를 믿는다면, 그리스도인은 반드시 그 '도'를 좇는 '도인'이 되어야 한다. '말씀'은 머리와 입으로만 좇을 수도 있지만, '도'는 삶의 수반을 전제하기에 삶으로 '도'를 좇지 않고서는 '도인'이 될 수 없다. 야고보 사도가 무엇이라 질책했던가?

> 내 형제들아 만일 사람이 믿음이 있노라 하고 행함이 없으면 무슨 유익이 있으리요 그 믿음이 능히 자기를 구원하겠느냐 만일 형제나 자매가 헐벗고 일용할 양식이 없는데 너희 중에 누구든지 그에게 이르되 평안히 가라, 덥게 하라, 배부르게 하라 하며 그 몸에 쓸 것을 주지 아니하면 무슨 유익이 있으리요 이와 같이 행함이 없는 믿음은 그 자체가 죽은 것이라 어떤 사람은 말하기를 너는 믿음이 있고 나는 행함이 있으니 행함이 없는 네 믿음을 내게 보이라 나는 행함으로 내

믿음을 네게 보이리라 하리라 네가 하나님은 한 분이
신 줄을 믿느냐 잘하는도다 귀신들도 믿고 떠느니라
아아 허탄한 사람아 행함이 없는 믿음이 헛것인 줄을
알고자 하느냐 우리 조상 아브라함이 그 아들 이삭을
제단에 바칠 때에 행함으로 의롭다 하심을 받은 것이
아니냐 네가 보거니와 믿음이 그의 행함과 함께 일하
고 행함으로 믿음이 온전하게 되었느니라 이에 성경
에 이른 바 아브라함이 하나님을 믿으니 이것을 의로
여기셨다는 말씀이 이루어졌고 그는 하나님의 벗이
라 칭함을 받았나니 이로 보건대 사람이 행함으로 의
롭다 하심을 받고 믿음으로만은 아니니라 또 이와 같
이 기생 라합이 사자들을 접대하여 다른 길로 나가게
할 때에 행함으로 의롭다 하심을 받은 것이 아니냐 영
혼 없는 몸이 죽은 것 같이 행함이 없는 믿음은 죽은
것이니라(약 2:14-26).

　예수님의 동생이었던 야고보 사도는 초대교회의 우
두머리였다. 그가 당시의 그리스도인들을 이렇게 질타
한 것은, 그때 이미 하나님의 '말씀'을 머리와 입으로만
좇는 그리스도인들이 들끓었음을 시사한다. 그래서 야

고보 사도는 구약의 아브라함과 라합을 예로 들며, 바른 믿음이 수반하는 삶의 행함을 강조하였다. 행함이 구원의 조건이어서가 아니라, 주님께서 거저 주신 십자가 구원의 은혜를 믿는 그리스도인이라면, 그 믿음은 반드시 구원의 주님을 좇는 삶의 행함으로 입증되어야 한다는 의미였다. 한국 개신교 최초의 신약성경 용어를 따르자면, 주님께서 당신의 삶으로 보여 주신 '도'를 삶으로 좇는 '도인'이 되어야 한다는 말이다. 모든 그리스도인이 주님의 '도'를 삶으로 좇는 '도인'이 되어야 한다면, 목사는 '도인'을 넘어, 세상 사람들을 그 '도'로 이끌기 위해 그 '도'를 자신의 삶으로 증언하는 '전도인'이 되지 않으면 안 된다.

바울이 가는 곳마다 '도'를 전한 것은 그 자신이 '도'를 좇는 '도인'일 뿐 아니라, 자신의 삶으로 그 '도'를 증언하는 '전도인'이었음을 의미한다. 바울은 다메섹 도상에서 주님의 부르심을 받은 이후, 일평생 수많은 사람들을 만나 복음을 전했다. 그리고 많은 사람들이 바울을 전폭적으로 신뢰하였다. 하지만 바울이 그들을 이용하여 자신의 주머니를 불리거나, 그들을 이용하기 위해 복음을 왜곡하여 수단화하거나, 그들 가운데 누구와 불륜을 저지르거나, 그들 위에 무례하게 군림하거나, 목사직을 이용하여 취미생활이나 육체의 안일에 몰두한 적이 한 번도 없었다. 바울이 주님의 '도'를 좇아, 날마다 자신을 쳐 복종시키면서까지 그 '도'를 벗어난 적이 없었기 때문이다. 그는 목사이기 이전에 진정한 '도인'이자 '전도인'이었다. 그가 그 '도'를 고수하기 위해 참수형마저 기꺼이 감수한 것도, 그가 그 '도'를 좇는 '도인'인 동시에, 최후의 순간까지 자신의 삶으로 그 '도'를 세상에 전하는 '전도인'이기에 가능한 일이었다.

앞에 소개한 네 사례 속에 등장한 목사들에게 되돌아가 보자. 그들이 하나님의 '말씀'을 공허하게 입으로만 설교하는 목사이기 이전에, 하나님의 '도'를 좇으며 그 '도'를 삶으로 살아 내며 전하는 '전도인'이었다면 어땠을까? 그때에도 그들이 집에서 아내를 폭행하고, 집에서든 교회에서든 성인사이트를 탐닉하며, 교인들의 헌금으로 먹고살면서도 목회에 백해무익한 골프 예찬론자가 되고, 부목사가 자기보다 설교를 잘한다는 이유만으로 청빙 두 달 만에 내보내고, 자기 후임자에게 일억 오천만 원의 권리금을 당당하게 요구하였을까? 그럴 리가 없다. 그들이 목사이기 이전에 하나님의 '도'를 살아내고 삶으로 전하는 '전도인'이었다면, 허물어져 내린 한국 교회의 한 모서리가 지금 그들로 인해 수축(修築)되고 있을 것이다.

태초에 '도'가 계셨다. 죄에 굴복한 인간은 그 '도'를 상실했다. 하지만 그 '도'가 육신을 입고 이 땅에 오신 주님께서 십자가의 죽음과 부활을 통해 인간에게 그 '도'를 회복시켜 주셨다. 그러므로 주님을 믿는 그리스도인이 되는 것은 그 '도'를 삶으로 살아 내는 '도인'이 되는 것이요, 그대와 내가 목사인 것은 그 '도'를 우리의 삶으로 전하는 '전도인'으로 살아가기 위함이다.

그대의 삶이 일평생 목사직을 올곧게 수행하는 목사다운 삶으로 일관하기 원한다면, 그대는 지금부터 목사이기 이전에 먼저 '전도인'으로 살아야 한다. '전도인'만 모세처럼, 예레미야처럼, 바울처럼, 시대와 상황이 달라져도 변질되지 않는다. '전도인'이 좇고 살아 내며 삶으로 전하는 하나님의 '도'가 영원불변인 덕분이다. 그러므로 '전도인'이 되지 않고 일평생 목사다운 목사로 살겠다는 것은 애당초 불가능한 일이다. 그런 목사는, 앞에 소개한 네 사례 속의 목사들과 다르지 않을 것이기 때문이다.

나는 얼마나
자발적으로
고독한가?

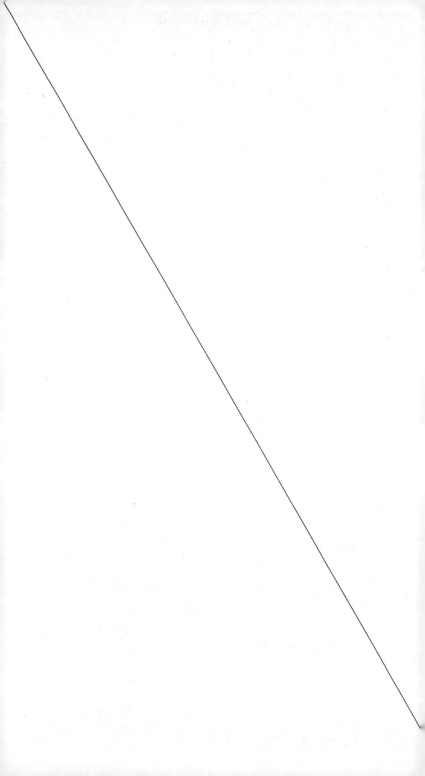

선지자 엘리야가 갈멜산에서 영적 대결을 벌였다. 패역한 왕비 이세벨의 비호를 받는 바알과 아세라 선지자들이 대결 상대였다. 엘리야는 혼자인 반면, 바알 선지자는 사백오십 명 그리고 아세라 선지자는 사백 명으로, 그들의 합계는 팔백오십 명이었다. 1 대 850의 대결이었다. 단 한 명이 믿는 여호와 하나님이 참 신인지, 무려 팔백오십 명이 믿는 바알과 아세라가 참 신인지, 단 한 명과 팔백오십 명이 정면으로 맞붙은 것이다. 수적으로나 상식적으로만 생각하면, 한 명의 팔백오십 배인 팔백오십 명이 응당 이겨야 한다. 그러나 결과는 혼자인 엘리야의 완승이었다. 살아 계신 여호와 하나님께서 당신만이 참 신이심을, 혈혈단신인 엘리야를 통해 그렇게 공개적으로 입증해 주신 것이다. 자신들의 몸을 자해하면서까지 허공을 향해 자기 신을 처절하게 부르짖던 팔백오십 명의 바알과 아세라 선지자들은 그날로 모두 목숨을 잃고 말았다.

그뿐만이 아니었다. 엘리야의 기도로, 삼 년 동안이나 지속되었던 가뭄도 끝나고 비가 내렸다. 엘리야는 그렇게 영적 전성시대를 구가하고 있었다. 이를테면 하늘 아래 땅 위에서 영적으로 엘리야에 필적할 사람은 아무도 없는 셈이었다. 그렇다면 모든 사람이 엘리야를 영적 지도자로 모시고 뒤따름이 마땅할 것이었다. 하지만 엘리야가 맞닥뜨린 상황은 정반대였다. 왕비 이세벨이 엘리야를 죽이려 하였다. 자신이 비호하던 바알과 아세라의 선지자들을 몽땅 죽여 버린 엘리야에게 보복하려 한 것이다. 그러나 누구 한 명 엘리야를 변호하거나 보호해 주려는 사람은 없었다. 엘리야가 직면한 위기의 상황이 얼마나 급박했던지, 촌각을 다투어 브엘세바의 광야로 피신한 그는 로뎀 나무 아래에서 하나님께 죽기를 자청할 정도였다. 엘리야는 오직 천사의 도움을 힘입어 사십 일을 밤낮 걸어 호렙 산에 이르러 굴속에 머물렀다. 그때 하나님께서 엘리야에게 '네가 어찌하여 여기 있느냐?'(왕상 19:9) 하고 물으셨고, 엘리야의 대답은 다음과 같았다.

> 그가 대답하되 내가 만군의 하나님 여호와께 열심이
> 유별하오니 이는 이스라엘 자손이 주의 언약을 버리
> 고 주의 제단을 헐며 칼로 주의 선지자들을 죽였음이
> 오며 **오직 나만 남았거늘** 그들이 내 생명을 찾아 빼앗
> 으려 하나이다(왕상 19:10).

엘리야의 대답의 방점은 '오직 나만 남았다'는 데 찍혀 있다. 이스라엘 백성을 미혹하던 바알과 아세라 선지자들을 자신이 모두 섬멸했는데도, 하나님께서 당신만 참 신이심을 자신을 통해 입증해 주셨는데도, 자신의 기도로 삼 년 동안의 가뭄이 그치고 단비가 내렸는데도, 정작 왕비 이세벨 무리가 자신을 죽이려 하자 남은 사람은 엘리야 자기 혼자뿐이라는 것이다. 자신을 도와주려는 사람은 아무도 없다는 것이다. 다시 말해, 절체절명의 위기 속에서 변함없이 믿음을 고수하는 사람은 오직 자기 혼자만 남았다는 것이다.

하나님께서 그 엘리야를 굴 밖으로 불러내셨다. 그리고 세미한 음성으로 '네가 어찌하여 여기 있느냐?' 하

고 재차 물으셨고, 엘리야 역시 다시 대답하였다.

> 그가 대답하되 내가 만군의 하나님 여호와께 열심이
> 유별하오니 이는 이스라엘 자손이 주의 언약을 버리
> 고 주의 제단을 헐며 칼로 주의 선지자들을 죽였음이
> 오며 **오직 나만 남았거늘** 그들이 내 생명을 찾아 빼앗
> 으려 하나이다(왕상 19:14).

엘리야는 하나님께 먼젓번과 동일한 대답을 드렸
다. 이번에도 믿음의 사람은 오직 자신만 남았음을 재강
조한 것이다. 하나님께서 그 엘리야에게 이렇게 응대하
셨다.

> 그러나 내가 이스라엘 가운데에 **칠천 명을 남기리니**
> 다 바알에게 무릎을 꿇지 아니하고 다 바알에게 입맞
> 추지 아니한 자니라(왕상 19:18).

엘리야는 '오직 나만 남았음'을 하나님께 두 번씩이
나 강조하며 탄원했다. 그러나 그것은 엘리야의 착각이
었다. 하나님께서는 바알에게 무릎을 꿇거나 입 맞추지

않은, 다시 말해 우상 바알에게 영혼을 빼앗긴 적이 없는 순결한 당신의 백성을 무려 칠천 명이나 예비해 두고 계셨다. 본문이 '내가 이스라엘 가운데에 칠천 명을 남기리니……'라고 되어 있어, 하나님께서 믿음의 전사 칠천 명을 미래에 남겨 두실 계획인 것처럼 보인다. 그러나 로마서 11장 2-5절은 그 시제를 정확하게 밝혀 주고 있다.

하나님이 그 미리 아신 자기 백성을 버리지 아니하셨나니 너희가 성경이 엘리야를 가리켜 말한 것을 알지 못하느냐 그가 이스라엘을 하나님께 고발하되 주여 그들이 주의 선지자들을 죽였으며 주의 제단들을 헐어 버렸고 나만 남았는데 내 목숨도 찾나이다 하니 그에게 하신 대답이 무엇이냐 내가 나를 위하여 바알에게 무릎을 꿇지 아니한 사람 **칠천 명을 남겨 두었다 하셨으니** 그런즉 이와 같이 지금도 은혜로 택하심을 따라 남은 자가 있느니라

하나님께서 '오직 나만 남았다'는 엘리야의 탄원을 들으시고, 그제야 비로소 바알에게 무릎 꿇지 아니할 칠

천 명을 세우기로 작정하신 것이 아니다. 하나님께서는 엘리야가 자기 홀로 남았다고 탄식하기도 전에, 믿음의 전사 칠천 명을 과거형으로 이미 남겨 두고 계셨다.

그렇다면 우리의 상식으로, 그 이후의 과정이 어떻게 진행되어야 타당하겠는가? 하나님께서 엘리야로 하여금 그 칠천 명과 연대하게 하셔서, 엘리야를 죽이려는 왕비 이세벨 무리를 섬멸하게 하심이 타당하지 않겠는가? 엘리야가 믿음의 전사 칠천 명과 연대한다면, 그 연대의 힘으로 이스라엘을 몇 번이라도 새롭게 할 수 있지 않겠는가?

하지만 하나님께서는 그렇게 하지 않으셨다. 엘리야는 하나님께서 남겨 두신 칠천 명과 연대는 고사하고, 그들이 어디에 살고 있는 누구인지조차 알지 못했다. 하나님께서는 오직 '나만 남았다'고 탄식하는 엘리야에게 영혼의 순결을 지키는 믿음의 전사가 칠천 명이나 있다는 사실을 주지시켜 주심으로, 그가 자신의 길을 꿋꿋하게 계속 걸어갈 수 있도록 그의 용기를 북돋아 주셨을 뿐이다. 그리고 얼마 후 하나님께서 엘리야를 아예 승천하게 하심으로, 그에게 그 칠천 명과 연대할 기회조차 주지 않으셨다.

다음은 예레미야 25장 4절 말씀이다.

그러므로 여호와께서 그의 모든 종 선지자를 너희에
게 **끊임없이** 보내셨으나 너희가 순종하지 아니하였으
며 귀를 기울여 듣지도 아니하였도다

하나님께서 이스라엘 백성에게 선지자들을 '끊임없
이' 보내셨다. 그들이 하나님의 말씀을 경홀히 여기며
순종치 않았기 때문이다. 그러나 하나님께서 '끊임없이'
보내신 선지자들을 서로 연대하게 하신 적은 없었다. 엘
리사와 요엘, 이사야와 미가, 예레미야와 하박국과 스바
냐, 다니엘과 에스겔, 스가랴와 학개는 각각 동일한 시대
에 사역한 선지자들이었다. 그러나 하나님께서는 그들
가운데 누구도 서로 연대하게 하신 적이 없었다. 예를
들어 바빌론 포로기의 다니엘과 에스겔을 생각해 보자.
다니엘이 하나님의 부르심을 받은 곳은 바빌론 왕궁이
었고, 에스겔의 소명지는 유대인 포로들이 수용되어 있
는 그발 강 유역이었다. 바빌로니아에 끌려간 유대인 포
로들을 위한 선지자 에스겔이 왕궁 속의 다니엘과 연대
했더라면, 두 선지자는 바빌로니아 제국의 힘을 빌려 유

대인 포로들에게 현실적으로 보다 큰 도움을 줄 수 있지 않았겠는가? 그러나 하나님께서는 그런 식의 연대를 허락하시지 않았다.

예수님은 이 땅에 강림하신 성자 하나님이셨다. 성자 하나님께서 인간의 몸을 입고 인간의 역사 속으로 진입하신 것이다. 그렇다면 이 땅에서 하나님을 믿는 사람들이 모두 연대하여 거룩한 도성 예루살렘에서부터 성자 하나님의 길을 성대하게 예비함이 마땅하지 않겠는가? 그러나 예루살렘과는 동떨어진 광야에서 성자 하나님의 길을 예비한 사람은 세례자 요한 한 명이었다. 그는 예수님의 길을 예비하는 그 막중한 사명을 완수하면서 어느 누구와도 연대하지 않았다. 홀로 그 사명을 완수했고, 불의한 분봉왕 헤롯 안티파스에 의해 참수형을 당해 죽을 때에도 그는 홀로였다.

공생애를 시작한 예수님께서 가시는 곳마다 인파가 모여들었다. 단순한 구경꾼들이 아니었다. 예수님을 '억지로 붙들어 임금으로 삼으려' 할 정도로 열성적인 무리였다(요 6:15). 그들은 갈릴리의 가난한 민중들만이 아니었다. 예수님을 좇는 무리 가운데에는 존귀한 산헤드린 의원도 있었고, 돈 많은 갑부도 있었고, 유대교 회당장도 있었으며, 로마 제국 장교도 있었다. 만약 예수님께서 구심점이 되어 그들 모두와 연대하셨더라면, 그 연대의 응집력과 폭발력은 빌라도 총독을 압도하였을 것이다. 그러나 그것은 예수님의 길이나 방법이 아니었다. 예수님은 소수의 제자를 세우셨을 뿐이다. 그리고 결정적인 순간, 그 제자들의 배신 속에서 예수님은 혈혈단신 십자가의 죽음과 부활의 구원을 이루셨다.

예수님의 직계 제자는 열두 명이었다. 은 삼십 냥에 예수님을 팔아넘긴 가룟 유다가 스스로 목숨을 끊었지만, 맛디아의 보선으로 숫자 열두 명에는 변함이 없었다. 예수님께서 부활 승천하신 뒤, 그들은 모두 자신들의 삶으로 주님을 증언하는 '전도인'으로 살아야 했다. 그것은 붉은 양탄자가 깔린 박수갈채의 길이 아니었다. 안으로는 유대교의 박해와, 밖으로는 로마 제국의 탄압에 시달리는, 모진 고난의 길이었다. 상식적으로 생각하면, 열두 명의 제자들이 연대하여 그 길을 함께 걷는 것이 홀로일 때보다 훨씬 효율적일 것이었다. 그러나 그들은 그렇게 하지 않았다. 그들은 세월의 흐름 속에서 각자의 소명지로 흩어져, 각자 자신의 삶으로 주님을 증언하는 '전도인'으로 살다가, 모두 순교로 각자의 최후를 맞았다.

바울은 복음 전도를 위해 세 차례나 지중해 세계를 누비고 다녔다. 그 기간 동안 바울이 방문한 도시는 살라미, 바보, 비시디아 안디옥, 이고니온, 루스드라, 더베, 버가, 드로아, 네압볼리, 빌립보, 암비볼리, 아볼로니아, 데살로니가, 베뢰아, 아덴, 고린도, 에베소, 앗소, 밀레네 등 약 스무 도시에 이른다. 그리고 그 대부분의 도시에 교회가 세워졌다. 당시의 교회가 비록 규모 면에서 가정 교회에 불과했다 해도, 바울이 그가 세운 그 많은 교회들과 연대를 이루었더라면, 그는 사회적으로 분명히 보다 큰 힘을 발휘할 수 있었을 것이다. 하지만 바울은 그런 시도조차 하지 않았다. 늙고 병약한 바울은 자신을 돕는 의사 누가나 청년 디모데와 동행하는 것 이외에, 일평생 어떤 개인이나 단체와도 전략적인 연대를 시도한 적이 없었다.

20세기 말 동유럽 공산사회 붕괴의 길목에 폴란드의 레흐 바웬사가 있었다. 만약 그가 없었더라면, 아마도 동유럽 민주화는 상당 기간 지체되었을 것이다. 조선소 전기공이 이력의 전부였던 바웬사가 폴란드 공산주의 정권을 붕괴시킬 수 있었던 것은, 그가 이끈 '연대

자유노조' 덕분이었다. '연대자유노조'는 공산당의 지배를 받지 않는 자유노조들의 '연대'(솔리다르노시치, Solidarność)였다. 그들에게는 총이나 칼이 없었다. 하지만 그들이 함께 뭉친 '연대'의 내적 힘과, 그들의 '연대'에 대한 국제적 지지는, 대포와 탱크로 무장한 폴란드 공산주의 정권을 붕괴시키기에 충분하였다. 그리고 그것은 소비에트 블록의 해제와 소비에트 연방의 해체로 이어졌다. '연대'의 힘은 그렇듯 세계 역사의 물길을 바꾸었다.

그 이후부터 '연대'(solidarity)라는 용어가 세계를 풍미했다. 정치·경제·사회 등 여러 분야에 걸쳐 '연대'의 중요성이 대두된 것이다. 한국 역시 예외가 아니었고, '연대'를 표방한 목사들과 기독단체들도 적지 않았다. 그러나 '연대'는 목사를 위한 성경의 용어도 아니고, 하나님의 방법도 아니다. 더욱이 목회는 가능한 모든 전략적 연대를 통해 더 큰 영향력을 확보하고 행사하는 정치 행위도, 이윤의 극대화를 추구하는 경제활동도 아니다. 앞에서 성경의 예를 통해 확인해 본 것처럼, 하나님께서는 당신의 종들이 서로 힘을 합쳐 '연대'하게 하시지 않았다. 오히려 그들이 가야 할 각자의 길을 고독하게 홀

로 걸어가게 하셨다. 왜 그렇게 하셨을까? 인간은 어느
누구 혹은 어느 집단과 '연대'하는 순간부터 눈에 보이
지 않는 하나님보다, 가시적이면서 현실적으로 체감 가
능한 '인간 연대'의 힘을 더 의지하기 마련인 까닭이다.

다음은 이사야 31장 1절 말씀이다.

도움을 구하러 애굽으로 내려가는 자들은 화 있을진
저 그들은 말을 의지하며 병거의 많음과 마병의 심히
강함을 의지하고 이스라엘의 거룩하신 이를 앙모하지
아니하며 여호와를 구하지 아니하나니

하나님께서는, 애굽의 도움을 구하는 사람들은 당신
을 앙모하거나 구하지 않는다고 단언하셨다. 그 이유가
무엇일까? 고작 조랑말이나 나귀가 판을 치는 팔레스타
인의 전쟁터에서 애굽의 말들을 들여온 사람은 이미 천
하를 얻은 기분일 것이다. 애굽의 말들이 끄는 첨단무기
병거와 마병이라면, 조랑말이나 나귀로 덤비는 어떤 적
이든 섬멸할 수 있을 것이기 때문이다. 그런 사람이 눈
에 보이지 않는 하나님보다, 자신이 소유한 말들의 힘을
더 신뢰할 것은 두말할 나위가 없지 않겠는가?

그래서 성경은 여러 차례에 걸쳐 '말'의 힘을 의지하지 말라고 경고한다. 이때의 '말'은 단순히, 주인의 명령을 좇아 네 발로 전쟁터를 누비는 포유류 동물인 말만을 뜻하는 것이 아니다. 이때의 '말'은, 인간이 이 세상에서 하나님보다 더 신뢰하려는 모든 것의 총칭이다. 그런 관점에서 어떤 명목이나 형태의 연대이든, 목사들의 '연대' 역시 목사들이 경계해야 할 '말'이 아닐 수 없다. 목사들의 연대가 강력하면 강력할수록, 목사들이 하나님보다 그들의 '연대'라는 '말'의 힘을 더 믿고 의지할 것이 뻔하다.

더욱이 인간의 연대는 아무리 동기와 명분이 그럴듯해도, 죄성을 지닌 인간의 속성상, 결국엔 스스로 부패하지 않을 수 없다. 레흐 바웬사는 '연대자유노조'의 힘으로 공산주의 정권을 무너뜨리고 민선 대통령이 되었지만, 대통령이 된 이후에 그는 '연대자유노조'의 비판 세력을 탄압하였다. 민주화 투사가 수치스럽게도 '연대자유노조'의 이권과 기득권의 수호자로 전락한 것이다. 그 결과 그는 대통령 재선에 실패하였고, 세계 역사의 물길을 뒤바꾸었던 그의 존재감은 수증기처럼 증발해 버리고 말았다.

이것은 폴란드와 레흐 바웬사에게 국한된 이야기가 아니다. 동일한 이야기가 우리나라에서도 이미 전개되었었고, 지금 이 시간에도 무한 반복되고 있지 않은가? 이것이 인간 연대의 한계이다. 나는 지금까지 무엇인가 자신의 것을 지키기 위함이 아닌 인간 연대를 본 적이 없다. 그러니 목사의 연대라고 무엇이 다를 수 있겠는가? 목사가 주님을 위해 자신의 것을 미련 없이 버리는 사람이라면, 목사에게 자신의 무엇을 지키기 위한 인간 연대가 필요하겠는가? 무엇인가 자신의 것을 지키기 위한 인간 연대를 필요로 하는 목사에게, 어떻게 자신을 송두리째 버리는 순교의 믿음이 가능할 수 있겠는가?

만약 구약의 선지자들이 서로 연대했다면, 죄성을 지닌 그들의 연대가 오늘날의 각 교단과 무슨 차이가 있었을까? 엘리야가 바알에게 무릎 꿇지 않은 칠천 명과 연대했다면, 갈멜산에서 바알과 아세라 선지자들과 단신으로 맞서며 오직 여호와 하나님만 바라던 그 믿음을, 과연 그가 계속 지킬 수 있었겠는가? 은 삼십 냥에 예수님을 팔아넘긴 가룟 유다가 대제사장의 군사들을 이끌고 겟세마네 동산에 나타났을 때, 흥분한 베드로가 칼을 빼어 말고라 불리는 군사의 귀를 쳤다. 그때 예수님께서 베드로를 꾸짖으시며 이렇게 말씀하셨다.

> 너는 내가 내 아버지께 구하여 지금 열두 군단 더 되
> 는 천사를 보내시게 할 수 없는 줄로 아느냐(마 26:53).

지극히 당연한 말씀이지 않은가? 성자 하나님이신 예수님께서 성부 하나님께 열두 군단이 아니라, 일천 군단보다 더 많은 천사들을 요청하실 수도 있지 않았겠는가? 그렇게 하신다면 이 세상 누가 예수님께 손가락 하나인들 건드릴 수 있겠는가? 그러나 예수님께서 만에 하나라도 하나님의 천사들과 연대하셨더라면, 인간의 죗값을 대신 치러 주시는 십자가의 구원자가 되실 수는 없었을 것이다. 사도 바울이 그가 전도한 지중해 세계의 그리스도인들과 연대했더라면, 그는 자신도 모르게 신흥 종교의 교주가 되었을지도 모른다.

소명 받은 목사는 홀로, 오직 주님과만 더불어 소명의 길을 걸어가야 한다. 그래야 주님만 의지하면서, 주님의 온전한 통로로 쓰임 받을 수 있다. 그것이 가능하기 위해 목사는 자발적으로 고독해야 한다. 《비전의 사람》에서 '고독'과 '외로움'은 같은 말이 아니라고 했다. 외

로움은, 다른 사람들과 어울리기를 열망하지만 그들에게 받아들여지지 않는 데서 기인하는 소외감이다. 반면에 고독은, 얼마든지 다른 사람들과 어울릴 수 있는 역량을 지니고 있으면서도 자기 자신을 자발적으로 격리하는 능력이다. 그리스도인의 자발적인 자기 격리인 고독은, 두말할 것도 없이 하나님과 독대하기 위함이다. 예수님께서도 틈이 날 때마다 한적한 곳을 찾아 당신 자신을 자발적으로 격리하셨다. 물론 하나님과 독대하시기 위함이었다. 예수님께서도 하나님과의 독대를 위한 자발적인 고독을 통해 홀로 십자가의 제물이 되실 수 있었다면, 우리 같은 하찮은 인간이 하나님과 고독하게 독대하기 위해 자신을 자발적으로 격리하지 않고서야 어떻게 목사란 소명의 길을 바르게 걸을 수 있겠는가?

2장에서 언급한 것처럼, 세 번째 전도여행을 매듭지은 바울은 예루살렘으로 가는 길에 에베소의 장로들을 밀레도로 불러 마지막 유언을 남겼다.

보라 이제 나는 성령에 매여 예루살렘으로 가는데 거기서 무슨 일을 당할는지 알지 못하노라 오직 성령이 각 성에서 내게 증언하여 결박과 환난이 나를 기다린다 하시나 내가 달려갈 길과 주 예수께 받은 사명 곧 하나님의 은혜의 복음을 증언하는 일을 마치려 함에는 나의 생명조차 조금도 귀한 것으로 여기지 아니하노라(행 20:22-24).

지금 바울이 예루살렘으로 향하는 것은 그 자신의 계획이 아니었다. 그것은 전적으로 성령님의 이끄심이었다. 예루살렘에서 무슨 일을 당하게 될지, 바울 스스로 아는 것은 아무것도 없었다. 단지 성령님께서 '결박과 환난'을 예고해 주실 뿐이었다. 그것도 한 번이 아니었다. 3차 전도여행을 고린도에서 매듭지은 바울은 밀레도에 이르기 전에 베뢰아, 데살로니가, 빌립보, 네압볼리, 드로아를 차례대로 거쳐 왔다. 성령님께서는 바울이 그 성들을 거칠 때마다 예루살렘의 '결박과 환난'을 계속하여 바울에게 예고해 주셨다. 만약 그대와 내가 바울이라면, 우리는 성령님의 거듭된 예고를 어떻게 해석하여 받아들이겠는가? 십중팔구 예루살렘을 피하라 하시는 주님의 은혜로 해석하고 다른 행선지를 찾아 나서지 않겠는가?

하지만 바울은 우리와는 판이하게 달랐다. 그의 유언은 비장하다.

내가 달려갈 길과 주 예수께 받은 사명 곧 하나님의 은혜의 복음을 증언하는 일을 마치려 함에는 나의 생명조차 조금도 귀한 것으로 여기지 아니하노라

바울 역시 우리와 성정이 똑같은 인간이었다. 그런데도 그는 어떻게 거듭하여 '환난과 결박'을 일러 주시는 성령님의 예고를, 그럼에도 불구하고 반드시 예루살렘으로 가라는 성령님의 명령으로 받아들이고, 그 명령에 순종하기 위해 자신의 목숨까지 기꺼이 내어놓을 수 있었을까? 그 해답은, 밀레도를 향해 드로아를 출발할 때의 상황을 전해 주는 사도행전 20장 13절에서 찾을 수 있다.

우리는 앞서 배를 타고 앗소에서 바울을 태우려고 그리로 가니 이는 바울이 걸어서 가고자 하여 그렇게 정하여 준 것이라

드로아에서 밀레도로 가기 위해서는 먼저 앗소를 경유해야 했다. 특이한 것은, 드로아에서 앗소로 가는 바울의 여행 수단이 그의 일행과 같지 않았다는 점이다. 2차 전도여행 중 바울이 홀로 아테네에서 고린도를 찾아갔던 것처럼, 그가 홀로 여행한 적이 있긴 있었다. 그러나 곁에 일행이 있을 때에는, 바울은 도보든 선박이든 항상 일행과 함께 움직였다. 바울이 드로아에서 앗소를 향해 출발할 때에도 바울에게는 '우리'로 불리는 일행이 있었다. 사도행전을 기록한 누가를 포함하여, 흉년을 당한 예루살렘 교회에 구제헌금을 전달할 마게도냐와 아가야 지역 교회 대표들이었다. 그러나 바울은 웬일인지 이번에는 그들과 함께 움직이지 않았다. 바울은 홀로 드로아에서 앗소까지 걸어갔고, 그의 일행은 배를 타고 먼저 앗소로 이동한 다음, 거기에서 홀로 걸어오는 바울을 기다렸다.

바울의 일행이 그렇게 한 것은 그들의 선택이 아니었다. 그것은 '바울이 걸어서 가고자 하여 그렇게 정하여 준 것'이었다. 우리말 '정하다'로 번역된 헬라어 동사 '디아탓소'(διατάσσω)는 '명령하다', '지시하다'라는 뜻을 지니고 있다. 즉 바울이 그들에게, 나는 앗소까지 홀로 걸어갈 테니 그대들은 배를 타고 먼저 앗소로 가서 나를 기다리라고 명령한 것이다. 사도행전에서 바울이 누구에게든 '명령'하였다는 증언은 본문이 유일하다. 바울은 왜 그의 동료들에게 그렇게 명령했을까?

이때 이미 인생 말년에 접어든 바울은 지병에 시달리고 있기까지 했다. 그 노년의 바울이 먼 길을 홀로 걸어갈 테니 그대들은 배를 타고 먼저 가라는데, 바울의 일행 중에 그 말을 듣고 순순히 배에 오를 사람이 있었겠는가? 함께 배를 타고 가자며 홀로 걸어가겠다는 바울을 만류하든가, 바울이 굳이 걸어가겠다면 우리도 함께 걸어가겠다고 나서지 않았겠는가? 그래서 바울이 정색하며 단호하게 명령한 것이다. 나는 앗소까지 혼자 걸어갈 테니, 그대들은 배를 타고 먼저 가서 나를 기다리라고 말이다. 바울 일행은 그의 단호한 명령을 거스를 수는 없었다. 그들은 어쩔 수 없이 앗소로 향하는 배에 승선했고, 바울은 홀로 앗소를 향해 걷기 시작하였다.

바울이 그렇게 한 까닭은 무엇이었을까? 인생 말년에 지병마저 지닌 노쇠한 몸으로, 바울은 왜 드로아에서 앗소까지 굳이 홀로 걸어갔을까? 고독하게 하나님과 독대하기 위한 자발적인 자기 격리였다. 앞에서 확인한 것처럼 고린도를 출발한 바울이 베뢰아, 데살로니가, 빌립보, 네압볼리, 드로아의 각 성을 거칠 때마다 성령님께서 바울에게 계속하여 '예루살렘의 결박과 환난'을 예고해 주셨다. 그러나 성령님께서는 '예루살렘의 결박과 환난'이라는 총론만 예고해 주셨을 뿐, 그러므로 예루살렘에 가지 말라든가, 그럼에도 불구하고 예루살렘으로 가라든가, 각론까지 구체적으로 일러 주신 것은 아니었다. 결국 성령님의 예고에 대한 해석은 바울 자신의 몫이었다. 그 해석은 책상 앞에서 얻을 수 있는 것이 아니었다. 그 바른 해석은 하나님에게서만 얻을 수 있었고, 하나님의 은혜를 덧입어서만 그 해석의 결과를 삶으로 실행할 수 있었다. 그리고 그것은 하나님과의 고독한 독대를 통하지 않고서는 가능할 수 없는 일이었다. 그래서 바울은 자발적으로 일행으로부터 자신을 단호하게 격리시킨 후, 홀로 앗소를 향한 길 위에 올라섰다.

드로아에서 앗소까지의 거리를 관련 서적마다 다르게 표기하고 있다. 어떤 책에는 삼십 킬로미터, 또 어떤 책에는 사십 킬로미터로 기록되어 있는 식이다. 하지만 삼십 킬로미터와 사십 킬로미터는 단순히 십 킬로미터의 차이만을 의미하지 않는다. 삼십 킬로미터의 거리라면, 인생 말년에 지병에 시달리던 바울이라 해도 밤을 꼬박 지새우며 쉬지 않고 걷는다면 만 하루 만에 다다를 수도 있는 거리다. 그러나 사십 킬로미터의 거리는, 도보 여행자에게 반드시 하룻밤 노숙해야 하는 거리다. 이처럼 삼십 킬로미터와 사십 킬로미터의 차이는 단 십 킬로미터의 차이가 아니라, 만 하루의 차이다.

사도행전에 등장하는 바울의 모습 가운데, 그가 드로아에서 앗소까지 홀로 걸어가는 모습은 나에게 가장 큰 감동을 안겨 주고 있다. 하나님의 뜻을 바르게 분별하기 위해 자신을 주위 사람들과 단호하게 격리시키고, 하나님과 독대하기 위한 고독의 길을 홀로 걷는 그의 모습은 백만 마디의 말보다 더 웅변적이다. 나는 평소, 바울이 홀로 드로아에서 앗소까지 걸어간 거리가 정확하게 얼마나 되는지 궁금했다. 마침 2001년에 터키를 여행하면서, 나는 자동차를 빌려 드로아에서 앗소 항구까지의 거리를 측정해 보았다. 정확하게 육십오 킬로미터였다. 그 정도의 거리라면, 인생 말년에 지병에 시달리던 노쇠한 바울에게는 사흘 길이었음이 분명하다. 사흘 길이라면, 바울이 이틀 밤이나 길에서 노숙하였음을 뜻한다.

드로아를 출발한 노쇠한 바울이 앗소를 향해 홀로 고독하게 길을 걷는다. 걷다 시장하면, 길섶 바위에 걸터 앉아 허리에 차고 있던 마른 빵 한 조각을 씹어 먹는다. 칠흑 같은 어둠의 장막이 내리깔려 더 이상 걸을 수 없으면, 바울은 대지를 요로 삼고 밤하늘을 이불 삼아 잠을 청한다. 새벽녘 동이 트면, 바울은 마른 빵 한 조각의 요기로 다시 앗소를 향해 걷기 시작한다. 하나님과의 독대를 위한 그 고독한 자기 격리를 통해 바울은, 비록 '결박과 환난'이 도사리고 있다 해도 예루살렘으로 가는 것이 하나님의 뜻임을 확인하면서, 하나님의 면전에서 자기 자신을 새롭게 곧추세운다.

2001년도에 나는, 이천 년 전 노쇠한 바울이 하나님과 독대하기 위해 고독하게 걸어갔던, 드로아에서 앗소로 향하는 그 옛길을 한동안 걸었다. 그리고 나의 심정이 이천 년의 시간을 뛰어넘어, 하나님과 독대하며 홀로 고독하게 그 길을 걸었던 바울의 심정에 젖어 드는 것은 그리 어려운 일이 아니었다.

주님, 저는 지금 주님께 매여 예루살렘으로 향하고 있습니다. 그러나 제 앞에 결박과 환난이 도사리고 있음을 성령님께서 제게 거듭 일러 주고 계십니다. 이것이, 저더러 이 길을 피하라 함이 아니시지요? 교회를 짓밟는 주님의 대적이었던 저를, 주님께서 당신의 십자가 보혈로 살려 주셨습니다. 그것은 제 일신의 안일을 꾀하라 하심이 아니라, 주님의 생명을 전파하는 주님의 도구로 쓰시기 위함인 것을 저는 분명히 알고 있습니다. 주님, 감사합니다. 저를 믿어 주시고, 주님의 뜻을 이루시기 위해 타인이 외면하는 결박과 환난의 이 길로, 특별히 저를 선택하여 불러 주셔서 감사합니다. 주님께서 다메섹 도상에서 저를 지명하여 불러내실 때, 저의 옛 사람은 그때 이미 죽었습니다. 제 생명은 살아도, 죽어도, 제게 영원한 생명을 주신 주님의 것입니다. 주님을 위해서라면 어떤 결박과 환난이 도사리고 있어도, 반드시 예루살렘을 거쳐 로마까지 가겠습니다. 제게 영원한 생명을 주신 주님을 위해서라면, 썩어 문드러질 제 육체의 생명은 조금도 아깝지 않습니다. 주님, 제가 주님을 얼마나 사랑하는지, 주님께서도 알고 계시지요?

'내가 그리스도와 함께 십자가에 못 박혔나니 그런즉 이제는 내가 사는 것이 아니요 오직 내 안에 그리스도께서 사시는 것이라 이제 내가 육체 가운데 사는 것은 나를 사랑하사 나를 위하여 자기 자신을 버리신 하나님의 아들을 믿는 믿음 안에서 사는 것이라'(갈 2:20).

바울은 이렇게 드로아에서 앗소까지 사흘 동안 홀로 고독하게 걸으며, 하나님과 독대하기 위해 자발적으로 자신을 격리하였다. 그 결과, 그는 밀레도에서 에베소의 장로들에게 추호의 흔들림도 없이 마지막 유언을 선포할 수 있었다.

보라 이제 나는 성령에 매여 예루살렘으로 가는데 거기서 무슨 일을 당할는지 알지 못하노라 오직 성령이 각 성에서 내게 증언하여 결박과 환난이 나를 기다린다 하시나 내가 달려갈 길과 주 예수께 받은 사명 곧 하나님의 은혜의 복음을 증언하는 일을 마치려 함에는 나의 생명조차 조금도 귀한 것으로 여기지 아니하노라

바울은 이 마지막 유언을 말로만 남긴 것이 아니라, 결박과 환난이 도사린 예루살렘을 향해 실제로 자신을

송두리째 던졌다. 바울이 드로아에서 앗소까지 사흘 길을 홀로 고독하게 걸어가는 자발적인 자기 격리를 통해 하나님의 뜻을 바르게 해석할 수 있었을 뿐 아니라, 결박과 환난 속에서도 달려가야 할 소명의 길을 완주하기에 필요한 힘과 은혜를 덧입은 결과였다. 만약 예루살렘의 결박과 환난을 감지한 바울이 거기에 맞서기 위해 누군가와 연대를 시도했다면, 우리가 성경을 통해 알고 있는 사도 바울은 이 세상에 존재하지 않을 것이다. 인생 말년의 노쇠한 몸으로 사흘 길을 걸으면서까지 하나님과 독대하기 위한 바울의 그 고독한 자기 격리는, 우리로 하여금 겟세마네 동산의 예수님을 연상하게 해준다.

십자가의 죽음을 앞둔 예수님께서 홀로 겟세마네 동산을 찾으셨던 것은 아니다. 예수님께서는 당신을 배신한 가룟 유다를 제외한 나머지 제자들과 함께 겟세마네 동산으로 가셨다. 비참한 십자가의 죽음을 눈앞에 둔 절체절명의 순간이라고 해서, 예수님께서 제자들과 손을 잡고 함께 통성으로 기도하신 것이 아니다. 절박한 심정으로 제자들에게 기도를 부탁하신 것도 아니었다. 예수님께서는 당신이 기도하시는 동안 그들을 한곳에서 기다리게 하셨을 뿐이다. 베드로와 요한 그리고 야고보만은 조금 더 깊은 곳까지 대동하며 당신의 고민과 슬픔을 그들에게 털어놓기도 하셨지만, 그렇다고 특별히 그 세 제자들과 함께 기도하신 것도 아니다. 주님께서는 죽음이 임박한 마지막 순간까지 제자들의 힘을 빌리기 위한 그들과의 그 어떤 연대도 시도하시지 않았다.

누가복음 22장 41절에 의하면, 예수님께서는 세 제자들이 머문 곳에서 돌을 던져 닿을 정도의 거리로 가셨다. 그리고 그곳에서 오직 당신 홀로 하나님께 고독하게 기도드렸다. 하나님 아버지와 독대하기 위해 당신 자신을 자발적으로 격리하신 것이다. 교인들은 말할 것도 없고 목사들 가운데서도 기도 중에 얼굴에 땀이 흐르는 것을 경험한 사람은 흔치 않을 것이다. 그러나 기도하시는 예수님의 얼굴에서 흘러내리는 땀에는 피가 배어 있기까지 했다. 그 정도로 처절한 예수님의 자기 격리였다. 우리는 그날 밤 그토록 처절하고도 고독하게 하나님과 독대하셨던 예수님의 기도의 핵심을 잘 알고 있다.

아버지여 만일 아버지의 뜻이거든 이 잔을 내게서 옮기시옵소서 그러나 내 원대로 마시옵고 아버지의 원대로 되기를 원하나이다(눅 22:42).

예수님의 개인적인 바람은, 사지가 못 박히는 비참한 십자가 죽음의 쓴잔을 마시지 않는 것이었다. 그 반면 하나님 아버지의 뜻은, 예수님이 비참한 십자가 죽음의 쓴잔을 기꺼이 마시는 것이었다. 예수님께서는 아버지의 그 뜻을 누구보다 잘 알고 계셨다. 그러므로 예수님께서는 비참한 십자가 죽음의 쓴잔을 피하기 위함이 아니라, 당신이 피하고픈 십자가 죽음의 그 쓴잔을 기꺼이 마시기 위해 홀로 겟세마네 동산에서 그토록 처절하고도 고독하게 하나님과 독대하신 것이었다. 그 자발적인 자기 격리를 통해 예수님께서는 피하고픈 비참한 십자가 죽음의 쓴잔을 온몸으로 마시셨고, 그 결과 그분은 만민을 구원하는 그리스도가 되셨다.

예수님께서는 새벽에도 한적한 곳으로 당신을 격리하시고, 홀로 하나님 아버지와 고독하게 독대하셨다. 인간의 몸을 입고 이 땅에 오신 예수님께서, 하나님 아버지와 독대하기 위한 자발적인 자기 격리를 통해 이 땅에서 메시아의 사역을 완결하신 것이다. 예수님께서도 그렇게 하셨고, 바울도 예수님을 본받아 하나님과의 독대를 위한 고독한 자기 격리를 게을리하지 않았다면, 하물며 우리 같은 범인에게 자발적인 고독의 수반 없이 어떻게 우리가 주님을 좇는 목사의 소명을 다할 수 있겠는가?

이 세상은 언제나 암흑천지다. 목사는 그 흑암 속에서 대중의 박수갈채를 원하는 연예인이거나, 대중의 환심을 사려는 정치인, 혹은 입신양명을 목적 삼는 기업인처럼 살려 해서는 안 된다. 목사는 진리를 거부하는 흑암의 도전과 반발에 맞서 결박과 환난의 길도 마다하지 않는 소명인으로 살아야 한다. 누구나 마시고 싶어 하는 야망의 단잔이 아니라, 모든 사람이 피하려는 십자가의 쓴잔을 온 삶으로 마셔야 한다는 말이다.

그렇다면 생각해 보라. 차가운 밤 겟세마네 동산에서 홀로 고독하게 하나님 아버지와 독대하셨던 예수님처럼, 하나님과 독대하기 위해 인생 말년의 노쇠한 몸으로 사흘 길을 홀로 고독하게 걸었던 바울처럼, 하나님과 독대하기 위한 고독한 자기 격리 없이, 어찌 우리가 결박과 환난의 길을 감수하면서 십자가 고난의 쓴잔을 기꺼이 마시는 목사다운 목사로 살 수 있겠는가?

그대가 매일 새벽기도회를 인도하며 기도할 수 있다. 연례행사로 '특새'를 할 수도 있다. 그러나 중요한 것은 기도의 내용이다. 그대는 지금 무엇을 위해 기도하는가? 그대 자신을 세상에서 자발적으로 격리하여, 하나님의 뜻을 바르게 분별하고 온몸을 던져 소명인으로 살기 위함인가? 아니면, 그대의 야망을 하나님의 뜻으로 포장하여 세상을 얻고 누리기 위함인가?

잊지 말라. 목사의 영적 수준은 목사의 기도 내용과 항상 정비례한다. 그대가 하나님의 뜻으로 포장한 그대의 야망을 이루기 위해 새벽마다 소리 높여 기도해도, 대체 그것이 무당의 굿거리와 어떻게 구별될 수 있겠는가? 목사의 거룩은 목사의 야망과는 동석하지 않는다. 하나님의 거룩하신 뜻을 분별하기 위해 자발적으로 자신을 격리하여 하나님과 독대하는 고독 없이는, 그 어떤 목사도 목사직을 올곧게 수행하는 거룩한 소명의 발자국을 내디딜 수는 없다.

다음은 마태복음 21장 12-13절의 증언이다.

예수께서 성전에 들어가사 성전 안에서 매매하는 모든 사람들을 내쫓으시며 돈 바꾸는 사람들의 상과 비둘기 파는 사람들의 의자를 둘러 엎으시고 그들에게 이르시되 기록된 바 내 집은 기도하는 집이라 일컬음을 받으리라 하였거늘 너희는 강도의 소굴을 만드는

도다 하시니라

이른바 예수님의 '성전정화 사건'이다. 예수님 보시기에 거룩해야 할 예루살렘 성전은 강도의 소굴로 전락해 있었다. 예수님께서는 그 강도의 소굴을 둘러엎으시지 않을 수 없었다. 그것은 예수님께서 십자가에 못 박히시기 불과 닷새 전, 그러니까 삼 년에 걸친 공생애 최후의 시기에 일어난 일이었다. 그러나 예수님의 성전정화가 그때 처음이었던 것은 아니다.

유대인의 유월절이 가까운지라 예수께서 예루살렘으로 올라가셨더니 성전 안에서 소와 양과 비둘기 파는 사람들과 돈 바꾸는 사람들이 앉아 있는 것을 보시고 노끈으로 채찍을 만드사 양이나 소를 다 성전에서 내쫓으시고 돈 바꾸는 사람들의 돈을 쏟으시며 상을 엎으시고 비둘기 파는 사람들에게 이르시되 이것을 여기서 가져가라 내 아버지의 집으로 장사하는 집을 만들지 말라 하시니 제자들이 성경 말씀에 주의 전을 사모하는 열심이 나를 삼키리라 한 것을 기억하더라 (요 2:13-17).

이것은 예수님 공생애 초기의 일이다. 예수님께서는 공생애 초기에 종교 장사꾼들에게 장악당한 예루살렘 성전을 정화하셨다. 그리고 삼 년 후, 공생애를 마무리하시며 한 번 더 성전을 정화하셨다. 삼 년 전에 예수님께서 정화하셨던 예루살렘 성전이, 삼 년 만에 다시 강도의 소굴로 되돌아가 있었던 것이다. 이런 관점에서 예수님의 공생애는 성전정화로 시작하여 성전정화로 끝났다고 해도 과언이 아니다. 예수님께서 예루살렘 성전을 가리켜 강도의 소굴이라 질타하신 것은, 당시의 성전이 종교 권력을 독점한 대제사장 무리와 그 하수인들의 이권 확보를 위한 빨대에 지나지 않았기 때문이다. 누구든지 그 성전을 거룩하게 회복시키는 것은 목숨을 거는 일이었다. 이권을 인생의 목적으로 삼은 무리에게 그들의 이권은 누구도 손댈 수 없는 절대 우상이기 때문이다. 그래서 대제사장의 무리 역시 예수님의 성전정화 사건 직후 예수님을 죽일 방도를 궁리하였다. 그런 상황 속에서 예수님께서 두 번씩이나 당신의 목숨을 걸고 성전을 정화하신 것은, 자발적인 자기 격리를 통한 하나님과의 고독한 독대 없이는 불가능한 일이었다.

그대가 목회하는 교회는 하나님을 경외하는 거룩한

신앙공동체인가, 아니면 예수님의 표현대로 인간의 욕망을 위한 강도의 소굴인가? 그대가 목회하는 교회 교인들이 세상의 이권을 위해 간단하게 하나님을 부정해 버린다면, 그들이 그렇게 번 돈으로 아무리 많은 헌금을 해도, 그런 인간들의 집합체인 그대의 교회는 하나님 보시기에 강도의 소굴에 불과할 뿐이지 않겠는가? 그 경우, 교인들을 그렇게 만든 책임으로부터 목사인 그대가 자유로울 수 있겠는가? 목사인 그대가 하나님을 빙자하여 교인들이 하나님께 바친 헌금으로 치부(致富)하고 있다면, 그 돈으로 대기업 총수처럼 살고 있다면, 그 돈으로 그대의 야망을 꾀하고 있다면, 목사인 그대 한 사람의 행위만으로도 하나님 보시기에 그대의 교회는 이미 강도의 소굴 아니겠는가? 그렇게 살아가는 그대의 심령 역시 온통 강도의 소굴일 것은 두말할 나위도 없지 않겠는가?

그대가 그대 자신을 세상과 격리하여, 목숨을 걸고 두 번씩이나 성전을 정화하신 주님과 고독하게 독대하기를 체화하지 않으면, 그대가 목회하는 교회는 고사하고, 강도의 소굴로 전락해 버린 그대의 심령을 정화하는 것조차 가당찮을 것이다.

1차 전도여행을 시작한 바울이 바나바와 함께 루스드라를 방문하였을 때의 일이다. 바울이 전하는 복음을 듣는 사람 중에 선천성 하반신마비자가 있었다. 바울은 복음을 경청하는 그를 주목하였다. 그에게서 구원받을 만한 믿음이 보인 것이다. 바울은 그를 향해 '네 발로 바로 일어서라'고 소리쳤고, 그와 동시에, 태어난 이래 자기 발로 단 한 번도 걸어 본 적이 없었던 그가 벌떡 일어나 걸었다. 주님께서 바울을 통해 역사하신 것이었다. 하지만 루스드라 사람들에겐 바울의 배후에 계시는 주님은 보이지 않고, 선천성 하반신마비자를 향해 '네 발로 바로 일어서라'고 소리친 바울만 보였다. 그들이 보기에는, 바울이 그를 걷게 한 것이 틀림없었다. 신이 아니고서는 불가능한 일이었다. 루스드라 사람들은 바나바를 제우스, 그리고 바울을 헤르메스로 믿었다. 제우스 신당의 제사장은 제물을 가져와 무리와 함께 바울과 바나바를 제사하려 하였다. 그 상황을 사도행전 14장 14-15절이 전해 주고 있다.

　　두 사도 바나바와 바울이 듣고 옷을 찢고 무리 가운데 뛰어 들어가서 소리 질러 이르되 여러분이여, 어

찌하여 이러한 일을 하느냐 우리도 여러분과 같은 성
정을 가진 사람이라. 여러분에게 복음을 전하는 것은
이런 헛된 일을 버리고 천지와 바다와 그 가운데 만물
을 지으시고 살아 계신 하나님께로 돌아오게 함이라

바울과 바나바는 소스라치게 놀랐다. 자신들이 인간
의 제사를 받는 것은 하나님을 모독하고 부정하는 범죄
행위였다. 두 사람은 옷을 찢으며 무리 한가운데로 뛰어
들었다. 그리고 소리 질러 외쳤다. 우리들도 당신들과 똑
같은 인간이므로 우리에게 이런 짓을 하면 안 된다고,
인간의 경배를 받으실 분은 오직 하나님 한 분뿐이시라
고 말이다. 주목할 사실은 이때 바나바 역시 루스드라
사람들의 부당한 행위를 보고, 자신의 옷을 찢으며 무리
에게 뛰어들어 소리쳐 그들을 만류한 것이다.

그 직후 비시디아 안디옥과 이고니온의 유대인들이
루스드라를 덮쳤다. 유대교의 배교자인 바울을 처단하
기 위함이었다. 그들은 거짓 모함으로 루스드라 사람들
을 선동하였다. 어디서나 거짓으로 사람을 선동하는 악
행자가 적지 않은 것은, 이것저것 헤아려 보지도 않고
간단하게 선동당하는 무지자(無知者)가 많은 탓이다. 비

시디아 안디옥과 이고니온 유대인들의 바울에 대한 거짓 선동의 악행에, 루스드라 사람들 역시 간단하게 선동당하는 무지를 범하고 말았다. 바울과 바나바를 신이라며 제사하려 했던 그들은 언제 그런 일이 있었느냐는 듯, 그들을 선동한 유대인 원정대와 함께 바울에게 돌팔매질을 퍼부었다.

사도행전 14장 19절의 증언이다.

유대인들이 안디옥과 이고니온에서 와서 무리를 충동하니 그들이 돌로 바울을 쳐서 죽은 줄로 알고 시외로 끌어 내치니라

루스드라 사람들은 그들을 선동한 유대인 원정대와 함께 죽으라고 바울에게 돌팔매질을 퍼부었고, 피투성이로 쓰러진 바울은 미동도 하지 않았다. 돌팔매질을 퍼붓던 사람들이 보기에 바울은 죽은 것이 분명했다. 그들은 쓰러진 바울을 시체로 단정하고, 그 시체를 질질 끌어 성 밖에 내다 버렸다. 한마디로 바울이 당한 돌팔매질은 죽음의 돌팔매질이었다.

그런데 이상한 일이 있다. 루스드라 사람들이 바울

과 바나바를 제사하려 했을 때, 바나바 역시 바울과 함께 옷을 찢으며 무리 가운데로 뛰어들어 그들의 부당한 행위를 소리쳐 만류하지 않았던가? 그 바나바가 이번에는 무슨 일인지 잠잠하기만 한 것이다. 사악한 유대인 원정대에 선동당한 무지한 루스드라 사람들의 돌팔매질로 지금 바울이 피를 흘리며 죽어 가지 않는가? 바울은 남이 아니라, 함께 전도여행에 나선 바나바의 동역자였다. 그렇다면 바나바는 이번에도 자기 옷을 찢으며, 바울을 죽이려는 무리 한가운데로 뛰어들어 가, 돌팔매질을 퍼붓는 그들의 부당함을 온몸으로 막아야 마땅하지 않겠는가? 그러나 사도행전 어디에도 그런 기록은 없다. 바울이 억울한 죽음의 돌팔매질로 죽어 가는 것을 현장에서 지켜보면서도, 바나바는 끝내 침묵으로 일관하였다.

왜 그랬을까? 루스드라 사람들의 제사에는 과감하게 뛰쳐나가 그들을 만류한 바나바가, 왜 지금은 바울이 부당하게 죽어 가는 것을 지켜보면서도 입을 다물고 침묵으로 일관하고 있는가? 그 이유는 간단하다. 루스드라 사람들의 제사를 만류한 것은 목숨과는 무관한 일이었지만, 유대인 원정대의 선동에 극도로 흥분하여 바울에게 죽음의 돌팔매질을 퍼붓는 사람들을 제지하다가는 자칫 자신도 돌에 맞아 죽을 수 있기 때문이었다. 한마디로 바나바가 두려움에 사로잡힌 것이었다. 단지 두려움 때문에 응당 해야 할 것을 외면하는 것을 우리는 비겁이라고 한다. 그런 의미에서 죽어 가는 바울을 침묵으로 방관한 바나바는 그 순간 비겁하였다.

사도행전 14장 20절은 다음과 같이 이어지고 있다.

제자들이 둘러섰을 때에 바울이 일어나 그 성에 들어갔다가 이튿날 바나바와 함께 더베로 가서

루스드라 사람들이 죽었다고 단정하여 성 밖에 내다버렸던 바울은 죽지 않고 극적으로 소생하였다. 정신을 차린 바울은, 자신이 돌에 맞아 죽어 갈 때 비겁한 침묵으로 방관했던 바나바에게 배신감을 느끼기에 충분하였다. 얼마든지 시시비비를 따질 수 있었다. 바나바처럼 비겁한 인간과는 다시는 상종하지 않을 수도 있었다. 바울이 그렇게 하더라도 바나바에게는 딱히 변명할 말이 없었을 것이다. 그러나 정신을 차린 바울은 아무 일도 없었던 것처럼 바나바를 대했다. 날이 밝자 바울이 다음 행선지인 더베를 향해, 자신을 죽이려는 유대인들의 돌

팔매질을 비겁한 침묵으로 방관한 바나바와 동행한 것이다. 제자들의 배신 속에서 고독하게 십자가의 제물로 돌아가신 주님과 고독하게 독대하기 위한 자발적인 자기 격리가 바울의 일상이 아니었더라면, 바울이 자신의 죽음을 비겁한 침묵으로 방관한 바나바에 대한 배신감을 극복하는 것도, 그와 다시 동행하는 것도, 모두 불가능하였을 것이다.

그대가 목사다운 목사로 살기 위해 불이익을 감수하는 '결박과 환난'의 길을 마다하지 않을 때, 모두가 피하려는 십자가 죽음의 쓴잔을 기꺼이 마실 때, 그대의 권리로 주장할 수 있는 것들을 모두의 유익을 위해 미련 없이 포기할 때, 그렇게 살아가는 그대에게 불편을 느낀 목사들이 다른 목사들과 교인들을 선동하여 얼마든지 그대를 모함할 수 있다. 십자가의 증인으로 목사직을 올곧게 수행하려는 목사의 등에 칼을 꽂는 사람들은 예나 이제나 항상 목사들이다. 많은 사람들은 아무 생각도 없이 그들에게 선동당하는 무지를 범할 것이다. 평소에 그대와 가까웠던 목사들도 별다르지 않을 것이다. 그들은 쉽게 선동당하는 무지는 범치 않더라도, 그대를 모함하는 집단이나 무리의 위세에 압도되어, 십중팔구 바나바처럼 비겁하게 침묵하는 방관자가 될 것이다.

그때 그대는 그들에게 가슴이 찢어지는 배신감을 느낄 수 있다. 그렇지만 그대는 배신감에 굴복해서는 안 된다. 제자들에게 당한 배신감마저 십자가에 못 박으신 주님을 힘입어 반드시 그 배신감을 극복해야 한다. 그래야 바울처럼, 주님께서 붙여 주신 사람들과 가야 할 길을 계속 동행하는 목사의 본분을 견지할 수 있다. 그것은 배신감을 이기신 십자가의 주님과 고독하게 독대하기 위한 자발적인 자기 격리, 자발적인 고독의 일상화 속에서만 가능하다.

목사에게 고독의 유익과 인간 연대의 해악은 아무리 강조해도 지나침이 없다.

북왕국 아합 왕 시대의 일이다. 당시에 사백 명이나 되는 선지자들이 있었다. 그러나 그들은 하나님의 말씀과는 무관한, 단지 자신들의 유익을 위해 하나님의 말씀을 이용하는 자들이었다. 이를테면 짝퉁 선지자들이었다. 어느 분야에서든 짝퉁일수록 세상의 힘을 과시하려 한다. 짝퉁 선지자 사백 명은 그들의 힘을 과시하기 위해 서로 연대하여 똘똘 뭉쳤고, 그 연대의 우두머리는 시드기야였다.

아합 왕이 남왕국 여호사밧 왕과 함께 아람 왕과 전쟁을 벌이기 직전이었다. 여호사밧의 요청으로 아합은 사백 명의 짝퉁 선지자들을 모두 불러들였다. 하나님의 뜻을 묻기 위함이었다. 서로 연대한 그들은 입을 맞추어 이구동성으로 아합 왕의 승리를 예언하였다. 여호사밧이 보기에는 아무래도 그들의 언행이 미덥지 않았다. 그는 아합에게 또 다른 선지자가 없는지 물었다. 아합은 미가야라는 선지자가 한 명 더 있긴 하지만, 그는 듣기에 좋은 말은 하지 않고 언제나 듣기 싫은 소리만 해서 자신이 미워한다고 대답했다. 그러나 여호사밧이 미가야도 만나 보기를 원하였으므로, 아합은 할 수 없이 사신을 보내어 미가야를 불러오게 하였다. 미가야를 기다리는 동안에도 사백 명의 선지자들은 계속하여 아합의 승리를 노래했다. 특히 그들의 우두머리인 시드기야는 자신이 쇠로 만든 뿔을 휘두르는 퍼포먼스를 펼치면서, 아합 왕이 아람 군대를 진멸할 것을 하나님께서 자기에게 일러 주셨다고 호언장담하였다.

미가야를 부르러 간 사신이 미가야에게 귀띔을 해주었다. 사백 명의 선지자들이 모두 이스라엘의 승리를 예언하였으니, 미가야 역시 입궐하면 그렇게 예언하라는 것이었다. 한마디로 미가야에게 사백 명의 선지자들과 연대하여 한패가 되라는 회유였다. 미가야의 반응은 단호했다.

미가야가 이르되 여호와께서 살아 계심을 두고 맹세하노니 여호와께서 내게 말씀하시는 것 곧 그것을 내가 말하리라 하고(왕상 22:14).

시드기야를 비롯한 사백 명의 선지자들이 하나님의 말씀과는 무관하게 아합 왕이 듣고 싶어 하는 아첨의 성찬을 벌였다면, 미가야는 아합 왕의 호불호를 따지지 않고 하나님의 말씀만 전하겠다는 선포였다. 입궐한 미가야는 아합 왕에게, 하나님께서 일러 주신 대로 그의 참패와 죽음을 예언하였다. 그리고 사백 명의 선지자들이 아합의 승리를 장담하는 것은, 그들이 거짓 영에 사로잡혀 있기 때문이라고 폭로하였다.

이에 선지자 연대의 우두머리인 시드기야가 가만히 있지 않았다. 그는 미가야에게 다가가 그의 뺨을 후려치면서, '여호와의 영이 나를 떠나 어디로 가서 네게 말씀하시더냐'(왕상 22:24)고 소리쳤다. 시드기야에게 하나님의 영은 자신의 전유물이었다. 시드기야는 자기 자신만 하나님의 말씀을 제대로 들을 수 있다고 믿어 의심치 않았다. 그런데도 미가야가 시드기야의 예언과는 상반된 예언을 전하면서도 그것이 하나님의 말씀이라 주장하니, 시드기야로서는 절대로 용납할 수 없는 일이었다. 그래서 그가 미가야의 뺨을 후려치면서, '하나님의 영이 나를 떠나 어디로 가서 네게 말씀하시더냐'고 소리친 것이었다. 미가야는 시드기야에게 '네가 골방에 들어가 숨는 날'(왕상 22:25)에 하나님의 영이 네 전유물이 아닌 것을 확인하게 될 것이라고 응수했다. 아합이 전쟁터에서 죽을 것이라는 미가야의 예언이 성취되는 날, 아합의 압승을 호언장담했던 시드기야는 아무도 모르게 잠적하는 것 이외에 무슨 일을 할 수 있었겠는가?

아합은 아합대로, 자신의 참패와 죽음을 예언한 미가야에게 격노했다. 그는 미가야의 예언을 묵살하고 전장으로 나가면서 부하들에게, 미가야를 옥에 가두어 '고생의 떡과 고생의 물'(왕상 22:27)을 먹이게 했다. 유대인들에게 빵과 포도주는 우리의 밥 그리고 국과 같다. 아합이 미가야에게 포도주도 아닌 물을, 그것도 '고생의 물'을 주게 한 것이다. 우리말 '고생'으로 번역된 히브리어 '라하츠'(רחץ)는 본래 '괴롭힘', '학대'라는 의미다. 그러므로 아합이 미가야를 옥에 가두어 '고생의 떡과 고생의 물'을 먹이라고 명령한 것은, 감옥 속에서 먹고 마시는 것조차 미가야에게 고통과 괴로움이 되게 하라는 말이었다. 그래서 새번역 성경은 해당 구절을 이렇게 번역하였다.

> 그리고 내가 명하는 것이니, 이 자를 감옥에 가두고, 내가 평안히 돌아올 때까지, 빵과 물을 죽지 않을 만큼만 먹이라고 하여라(왕상 22:27).

요즈음 감옥도 편할 수는 없는 시설이다. 하물며 약 삼천 년 전의 감옥이야 두말해 무엇하겠는가? 짐승 우리 같은 감옥에 갇혀, 날마다 죽지 않을 만큼의 양식으로 생명을 부지해야 하는 고통과 괴로움을 겪어 보지 않고서야 어찌 상상인들 할 수 있겠는가? 미가야가 왜 그런 고통과 괴로움의 멍에를 짊어져야 했는가? 하나님의 말씀을 지키는 선지자의 본분에 충실했기 때문이다. 시드기야를 우두머리로 삼은 선지자 연대의 선지자들은 하나님의 말씀이 아니라, 사람들이 듣기 원하는 말을 일삼았다. 그 덕에 그들은 고생의 빵과 고생의 물이 아니라, 단 빵과 단 포도주로 그들의 배를 풍족하게 채웠을 것이다. 만약 미가야가 자신을 부르러 온 사신이 회유한 대로, 대세를 좇아 그 선지자 연대에 가담했더라면, 적어도 고생의 빵과 고생의 물로 생존해야 하는 고통과 괴로움은 피할 수 있었을 것이다. 만약 그렇게 했더라면 미가야 역시, 하나님의 말씀보다 썩어 문드러질 자신의 고깃덩어리를 더 소중하게 여기는 짝퉁 선지자로 전락하고 말았을 것이다.

아합이 미가야에게 고생의 빵과 고생의 물을 명령할 때만 해도, 그는 시드기야를 비롯한 선지자 연대가 이구동성으로 호언장담한 것처럼, 아람과의 전쟁에서 반드시 자신이 승리하고 사마리아 성으로 개선할 것으로 확신했다. 자신의 패배를 예언한 사람은 미가야 한 사람인데 반해, 승리를 장담한 선지자는 무려 사백 명이나 되었기 때문이다. 그러나 자신의 승리를 확신하며 출전했던 아합은 다시는 돌아오지 못했다. 아람 군사의 활에 맞아 죽어 버렸기 때문이다. 그는 죽은 뒤에도 그의 피를 개들이 핥는 수모를 당했다. 그로써, 아합의 승리를 호언장담하던 선지자 연대의 예언은 하나님 말씀과는 무관한 거짓말이요, 그 연대에 속한 사백 명의 선지자들 모두 짝퉁이었음이 공개적으로 입증되었다.

그 순간, 시드기야를 비롯한 짝퉁 선지자 사백 명의 당황한 모습이 눈에 선하지 않은가? 그들은 짝퉁인 자신들의 정체성이 발가벗겨진 수치심으로, 거짓 승리의 예언으로 아합 왕을 죽게 만든 자신들에게 표독한 왕비 이세벨이 보복할지도 모른다는 두려움으로, 서로 앞다투어 자취를 감추어 버리고 말았을 것이다. 동시에 바로 그 순간은, 고생의 빵과 고생의 물을 기꺼이 감수한 미가야 홀로 참 선지자였음이 만천하에 밝혀진 순간이기도 했다. 미가야에게 그 영광스러운 순간은 절로 주어진 것이 아니었다. 대세나 시류에 영합하지 않고, 고생의 빵과 고생의 물마저 기꺼이 감수하면서, 하나님과 고독하게 독대하는 자발적인 자기 격리의 결과였다. 그러므로 하나님과의 고독한 독대를 위한 자발적인 자기 격리 없이는, 이 어둡고 혼탁한 세상에서 그대와 내가 미가야 같은 목사로 살아남을 다른 길은 있을 수 없다.

목사들이 서로 연대하면 진리를 위한 결박과 환난의 길을 함께 걸을 수 있고, 십자가의 쓴잔을 더불어 마시며, 고생의 밥과 고생의 물로 서로 자족할 수 있을까? 오히려 그 반대일 것이다. 죄성을 지닌 인간에 불과한 목사들이 연대하면 그 연대의 힘으로 결박과 환난의 길을 거부하고, 십자가의 쓴잔을 물리치며, 고생의 밥과 고생의 물이 아니라 보다 풍족한 밥상을 요구하려 하지 않겠는가? 목사의 영성의 텃밭은 인간 연대가 아니라, 언제나 하나님과 독대하기 위해 자발적으로 자신을 격리하는 고독이다. 그 고독을 통해서만 목사의 영성은 그 폭과 깊이를 더해 간다.

언젠가 그 순간은 반드시 온다. 시드기야를 우두머리 삼은 선지자 연대의 사백 명은 모두 짝퉁이요, 시드기야에게 뺨을 맞으며 고생의 빵과 고생의 물마저 감수한 미가야만 홀로 참 선지자임이 판명된 것과 같은, 바로 그런 순간 말이다. 아니, 깨어 있는 교인들은 벌써부터 알고 있을 것이다. 이 땅에 흔해 빠진 목사들 가운데 누가 시드기야이고 누가 미가야인지 말이다.

그대가 지금까지는 인간 연대의 힘을 하나님보다 더 신뢰하며 하나님을 빙자하여 단 빵과 단 포도주를 탐하는 시드기야였다 해도, 지금부터는 고생의 빵과 고생의 물을 감수할망정 하나님과 고독하게 독대하는 미가야가 되어야 한다. 그것이 목사인 그대 자신이 살고, 주님께서 그대에게 붙여 주신 교인들이 살고, 한국 교회가 소생하는 길이다.

나는
얼마나 인간을
알고 있는가?

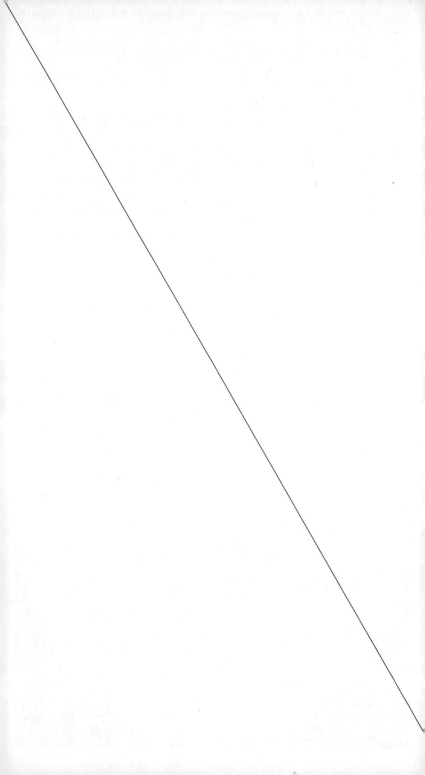

벌써 오래전의 이야기다. 남부 아시아 B 도시에 소재한 B한인교회 담임목사가 내게 담임목사 대행을 파견해 줄 것을 요청하였다. 자신이 미국에서 연수하는 이 년 동안 한시적으로 교회를 맡아 줄 목회자를 보내 달라는 요청이었다. 나는 오래전부터 잘 알고 있던 L 전도사를 그 교회에 소개했다. 얼마 후 L 전도사로부터 메일이 왔다. 그는 주님의교회에서 내가 만든 창세기 성경공부 교재로 영적 유익을 얻은 경험이 있었다. 그래서 그는 B한인교회로 떠나면서 그 교재들을 들고 갔다. 교인용 교재와 지도자용 지침서를 모두 챙겨 간 것이다. 그리고 B한인교회 교인들과 그 교재로 창세기 공부를 시작하였다. 자신이 이미 주님의교회에서 공부해 본 교재인지라 지도자용 지침서대로 가르치면 될 일이었다. 하지만 동일한 교재를 사용하는데도, 자신이 주님의교회에서 체험한 것과 같은 은혜를 B한인교회 교인들은 누리지 못했다. 그래서 어떻게 하면 좋을는지, 그가 내게 메일로 물어 온 것이었다. 나는 그에게 다음과 같은 요지로 대답하였다.

그 교재는 내가 대한민국 서울 강남에 살고 있는 주님의교회 교인들을 위해 만든 교재다. 대한민국 서울 강남과 B한인교회가 소재한 그 나라의 B 도시는 삶의 자리가 전혀 다르다. 삶의 자리가 다르다는 것은 인간의 삶 자체가 같을 수 없다는 말이다. 그러므로 전도사님은 서울 강남과는 전혀 다른 삶의 자리에서 살고 있는 B한인교회 교인들을 먼저 알고 이해하기에 주력해야 한다. 그런 다음에 주님의교회 성경공부 교재를 그분들에게 맞게끔 새롭게 적용하면 될 것이다.

한참 후에 L 전도사로부터 다시 메일이 왔다. 나의 조언을 따랐더니, 자신이 예전에 주님의교회에서 받았던 은혜를 B한인교회 교인들과 공유하게 되었다는 것이다. 이것은 목회자에게 목회 대상인 인간 이해가 얼마나 중요한지를 일깨워 주는 예다.

누가복음 2장 46-47절에 의하면, 예수님은 십이 세 때 예루살렘 성전에서 율법 선생들과 하나님의 말씀을 논했다. 율법 선생들은 말씀에 대한 예수님의 지혜에 깜짝 놀랐다. 우리말 '선생'으로 번역된 헬라어 명사 '디다스칼로스'(διδάσκαλος)는 '박사'를 칭하기도 한다. 그 율법 선생들은 요즈음 말로 신학박사들이었다. 십이 세의 예수님은 신학박사들이 깜짝 놀랄 정도로 하나님의 말씀에 통달해 있었다. 하나님의 말씀이신 로고스가 인간의 육신을 입고 오신 분이 예수님이셨으니, 그것은 조금도 이상한 일일 수 없었다.

도리어 이상한 일은, 예수님께서 십이 세 때 이미 하나님의 말씀에 통달했지만 그 즉시 그리스도의 공생애를 시작하신 것은 아니라는 점이다. 누가복음 3장 23절에 따르면, 예수님께서 공생애를 시작하신 시기는 '삼십세쯤' 되셨을 때였다. 십이 세의 예수님께서 예루살렘 성전에서 하나님의 말씀으로 율법 박사들을 놀라게 하셨던 때로부터 약 이십 년이 경과한 시기였다. 그 이유가 무엇이었을까? 왜 예수님께서는 하나님의 말씀에 통달한 십이 세 때부터 공생애를 시작하시지는 않았을까?

왜 '삼십 세쯤' 되기까지 약 이십 년을 기다리셨을까? 인간을 체험하시기 위함이었다. 인간을 구원하기 위해 오신 예수님이시기에, 당신이 구원해야 할 인간을 먼저 체험하고 아셔야 했다.

성경은 하나님의 말씀이다. 그렇지만 허공을 향한 하나님의 독백인 것은 아니다. 성경은 인간을 구원하고 살리기 위해 인간에게 주신 하나님의 말씀이다. 따라서 그 말씀을 인간에게 바르게 전하기 위해서는, 반드시 그 말씀을 들어야 할 인간에 대한 이해가 전제되지 않으면 안 된다. 하나님의 그 말씀이 인간을 구원하기 위해 인간의 육신을 입고 이 땅에 오셨던 예수님 역시 '삼십 세쯤' 될 때까지, 당신이 구해야 할 인간들과 부대끼며 인간 삶의 희로애락을 몸소 경험하셨다. 그래서 참 하나님이신 그분은 참 인간이시기도 했다. 이처럼 하나님의 말씀 그 자체이신 예수님께도 인간 구원 이전에 인간 이해가 선행되었다면, 인간에 대한 선이해 없이 목사가 인간을 위한 하나님의 말씀을 바르게 전하는 것은 사실상 불가능한 일이다.

하나님의 말씀을 바르게 전하기 위해서는, 해당 말

씀에 대한 해석과 재해석 그리고 적용이 순차적으로 이루어져야 한다. 하나님의 말씀에 대한 해석은, 그 말씀이 주어질 당시의 정황 속에서 그 말씀이 무슨 의미인지를 헤아리는 것이다. 재해석은, 1차 해석이 오늘을 살아가는 우리에게는 무슨 의미를 함축하고 있는지 분간하는 것이다. 적용은, 말씀의 해석과 재해석에 따른 실천의 견인이다. 그러나 인간에 대한 바른 이해가 없으면 그어느 과정도 제대로 이루어질 수는 없다. 성경은 인간을 위한 하나님의 말씀이기 때문이다.

인간에 대한 바른 이해와 인식의 폭을 넓혀 가는 목사라면 인간에게 전할 하나님의 말씀이 마르지 않을 것이다. 자식을 제대로 아는 부모의 마음속에 자식이 귀기울여 들어야 할 말이 많이 담겨 있는 것과 같다. 그러나 자식을 제대로 알지 못하는 부모의 말이 자식과는 무관한 헛소리듯이, 인간을 알지 못하는 목사가 인간에게 행하는 설교 역시 무의미한 공기의 진동에 지나지 않을 것이다.

안타깝게도 대부분의 목사들은 하나님의 말씀을 알려 하는 만큼, 그 말씀을 들어야 할 인간을 알려 하지는 않는다. 많은 목사들이 다음 주일에는 무슨 설교를 할까

고민한다. 주일은 질주하는 스포츠카처럼 순식간에 다가오고 있는데, 목사의 머리와 마음속에는 교인들에게 전할 말이 없는 것이다. 왜 그럴까? 자신의 설교를 들어야 할 인간을, 교인을, 교인의 삶을 알지 못하기 때문이다. 알지 못하면 할 말이 있을 수가 없다. 그래서 주일 설교 시간에 무의미한 공기의 진동만 계속하다 끝나거나, 가장 손쉽게 설교로 교인들을 기복주의의 덫에 가두어 버리거나, 아니면 태연하게 남의 설교문을 그대로 읽거나 짜깁기하는 목사들이 적지 않다. 하나님께서 자신을 믿고 맡겨 주신 교인들과 함께 삶을 나누는 목사에게는 결코 있을 수 없는 일이다.

다음은 ○○교회 교인이 보낸 편지다.

먼저, 이런 불편한 글을 읽으시게 한 것에 대해 사과드리고, 저도 이런 글을 쓰게 된 것에 대해 유감스럽게 생각합니다. 하지만, 목사님께 답변이 있을 것 같아 글을 드립니다. 이 목사님의 설교를 자신의 것처럼 설교하는 저희 교회 목사님의 설교를 들으며 어찌해야 할지 몰랐기 때문입니다.

저는 '○○교회'에 출석하고 있는 집사입니다. 이 목

사님의 설교를 CGN-TV 인터넷으로 1강부터 듣고 있었는데, 마침 이 목사님의 '76강 주를 경외함'을 들을 때에, 저희 교회 담임목사님이 그 본문으로 설교를 하였는데, 너무나 비슷하여, 다시 확인을 하였더니, 설교를 그대로 카피하신 것을 알았습니다. 그때의 두려움과 떨림을 어떻게 설명할 수가 없었습니다. 이 목사님의 3년 반 전 설교를 누군가가 듣고 있었을 것을 전혀 예상치 못하고 한 것이겠지요.

처음엔 왜 내게 이것을 알게 하셨나? 주님이 이때에 이것을 듣게 하신 이유가 무엇인가? 어떻게 해야 하나? …… 아무것도 할 수 있는 게 없어서 기도만 했습니다. 주일설교 준비를 못했던 담임목사님의 메마름에 대해 안타까움도 생기고, 얼마나 답답했으면 저렇게 했을까, 연민도 생기고……. 하지만 평생을 강단에서 설교를 해온 분이, 이것이 초래할 결과를 모를리 없으실 텐데……. 담임목사님이 단 1회라 해도 큰 잘못이지만, 거기에서 멈추길 기도했습니다.

그러나 다음 주에도 이 목사님의 '77강 정돈하라'를 그대로 설교를 하셨습니다. 제목도 거의 그대로 '네

자리를 정돈하라'였고, 그전 주에도 거의 같은 제목
이었습니다. 그 본문에서 얼마나 많은 제목과 설교
내용을 정할 수 있겠습니까? 그러나 같은 제목과 같
은 내용이 나올 수는 없습니다(예: 나희덕 시인의 시—
'산속에서'). 이 목사님이 사용하신 간증만 자신의 것
으로 대체를 하였지만요. 그다음 주일에도 이 목사님
의 설교를 카피한 저희 교회 목사님의 설교를 들었을
땐, 정말 괴로웠습니다. 너무나 괴로워서 차라리 안
들었더라면 얼마나 좋았을까, 성령님이 책망하셔서
그분이 멈추었더라면 얼마나 좋았을까, 왜 돌이키질
않는 것일까? 생각했습니다. 다른 목사님의 설교를
훔쳐서(!) 강단에서 말할 때 그 마음에 찔림이 없다는
말인가? 그 설교를 듣는 성도들에게 끼치는 영향 같
은 것은 생각도 못했을까? 설교 준비가 안 되면 차라
리 부목사님들에게 말씀 선포를 하게 했으면 되었을
것을……. 이런 생각들이었습니다. 많은 사람들로부
터 들었던 '말씀이 좋다'가 결국 그의 굴레가 된 것을
알았습니다. 그래서 멈출 수가 없었던 것이겠지요.

저는 이 얘기를 교회에서 그 누구에게도 할 수가 없
습니다. 교회에 일어날 혼란과 담임목사님의 불명예

스러운 추락과……. 그래서 조용히 교회를 떠날까 하는 생각도 했습니다. 아니면, 담임목사님을 찾아가서 내가 알고 있다고 말할까? 주님의 뜻을 구했지만, 무엇을 원하시는지 모르겠습니다. 그러나 이 목사님의 설교를 도용한 저희 교회 목사님의 처사가 결코 바르지 않다는 것은 알고 있습니다. 그렇다고 혼자 묻고 갈 일도 아니었습니다.

사실, 지금 이 편지를 쓰면서 혹시 이것이, 함이 그 아비 노아의 수치를 드러낸 것이 아닌가 하는 생각도 합니다. 제가 정말 바라는 것은, 저희 목사님이 회개하고 멈추는 일입니다. 그런데 어제 설교도 역시 이 목사님의 '심히 많았더라'는 제목의 설교를, '선행과 구제'란 제목으로 바꾸어 하신 것입니다. 지난 두 번은 거의 처음부터 끝까지 같은 내용으로 하셨는데, 이번엔 사랑의 낭비에 관한, 예수님의 죽음에 대해 목사님이 선포하신 것에 대해선 빼고 다른 예를 들었습니다. 차마 예수님의 죽음에 대해서까지 같은 말을 할 수는 없으셨던 것 같습니다.

이런 일이 어쩌면 저희 교회에서만 일어나는 일이 아닌지도 모르겠습니다. 성령님이 이 목사님께 조명해 주신 것이 누가 들어도 은혜가 되었기에 그런 말씀이 탐이 나는 것이겠지만 그것은 일반 성도도 아닌, 설교자가 할 일은 아닌 것이 분명한데……. 왜 그러는 것일까요?

제가 마음이 너무 괴로워서 알래스카에 있는 한 목사님께 이런 일이 있을 땐 어떻게 해야 하냐고 물었습니다(물론 누구라고는 알리지 않고요). 한국 내에 있는 분에겐 누구에게도 물어볼 수가 없었기 때문입니다. 그가 특별한 대답을 하진 않았습니다. 아직 기도할 수 있으면 기도를 하라고 했을 뿐입니다. 해 아래 비밀이 없는데, 이 일이 드러나지 않을 거란 생각을 하신 저희 교회 목사님이 안타까울 뿐입니다. 저희 교회 목사님의 설교 도용을 알게 된 저는 참 어렵습니다. 목사님의 설교 도용이 한두 번으로 끝났더라면, 저와 하나님 사이에서만 알고 제가 침묵할 수도 있을 텐데…… 앞으로도 계속 이런 일이 거듭될까 봐 두렵고, 제가 알면서 아무 일도 하지 않는 것이 책망받는 일이 될까 봐, 이 설교의 작성자이신 이 목사님께 의견을 구하는 것입니다.

제가 바라는 것은 저희 교회 목사님이 설교 도용을

멈추는 것뿐입니다. 이런 짐을 이 목사님께 넘겨 드린 것이 죄송합니다. 제가 어떻게 해야 하는 것인지 알려 주실 수 있나요? 제가 알게 된 것에 분명 이유가 있겠지요? 그동안 저희 교회 목사님의 말씀이 좋았습니다. 많은 교인이 그렇게 생각했습니다. 그러나 이제 제겐 예전의 설교에 대해서도 신뢰할 수 없게 되었습니다. 우선, 제게 너무 큰 상처이고 유익이 없습니다.

정년을 몇 해 앞두고 있는 그분이 아름다운 마무리를 하게 되기만을 바랄 뿐입니다. 혹시라도 이 목사님이 침묵하시면, 저도 침묵하는 것이 바람직하다고 여기겠습니다. 하나님이 해결하실 때까지 기다리겠습니다. 불편한 편지를 끝까지 읽어 주셔서 감사합니다.

나는 그동안 여러 교회 교인들로부터 자기 교회 담임목사가 나의 설교를 표절한다는 편지를 받았다. 방금 소개한 편지는 그중의 한 통이다. 나는 편지에 언급된 교회를 인터넷에서 검색해 보았다. 개척 교회나 미자립 교회가 아니었다. 오십여 년의 역사에 큰 예배당을 소유한 상당 규모의 교회였다. 그런 교회의 담임목사가 왜 남의 설교문을 그대로 베껴 읽을까? 왜 설교 베끼기로, 그 사실을 확인한 교인의 마음에 대못을 박는 것일까? 설교 준비할 시간이 부족해서? 목회 일정이 너무 빠듯해서? 설교 준비할 여건이 되지 않아서? 좋은 서재를 제공받지 못해서? 아니다. 그런 이유가 결코 아니다. 이유는 한 가지, 주일 설교 시간에 교인들에게 전할 메시지가 없기 때문이다. 예배 시간에 교인들에게 전할 메시지가 심령 깊은 곳에서 솟아오른다면, 목사는 밤을 꼬박 새워서라도 설교문을 작성하여 주일 강단에 설 것이다. 하지만 큰 규모의 교회를 담임하는 목사라 해도, 그 목사의 심령 속에 교인들에게 전할 메시지가 없으면 남의 설교문을 넘보지 않을 수 없다.

왜 목사의 심령 속에 교인들에게 전할 메시지가 담겨 있지 않을까? 목사로 살아가면서도 정작 목회 대상인 인간의 본질에 대해서는, 하나님께서 믿고 맡겨 주신 교인들의 삶에 대해서는 알려 하지 않거나 아예 무지한 탓이다. 반면에 인간을 탐구하면서 자신의 삶으로 교인들의 희로애락을 함께 나누는 목사의 심령에는, 그 목사를 통해 하나님께서 인간(교인)에게 들려주시려는 하나님의 말씀이 마르지 않는다.

다음은 이사야 50장 4절의 증언이다.

주 여호와께서 학자들의 혀를 내게 주사 나로 곤고한
자를 말로 어떻게 도와 줄 줄을 알게 하시고 아침마다
깨우치시되 나의 귀를 깨우치사 학자들 같이 알아듣
게 하시도다

본문에서 일인칭 주어로 표현된 '내'가 이사야라고
주장하는 학자가 있는가 하면, 이 땅에 임하실 메시아
라고 주장하는 학자도 있다. 그러나 '내'가 그 어느 쪽이
되어도 본문이 강조하는 내용은 달라지지 않는다.

하나님께서 '나'에게 '학자들의 혀'를 주신다. '학
자'로 번역된 히브리어 형용사 '림무드'(לִמֻּד)는 '가르
침을 받은 (자)'를, '혀'로 번역된 '라숀'(לָשׁוֹן)은 영어의
'tongue'처럼 '언어', '말'을 뜻한다. 즉 하나님께서 '내'게
당신의 말씀을 가르쳐 주시는 것이다. 일회성으로 한 번
가르쳐 주시고 만 것이 아니라, 매일 아침마다 당신의
말씀을 깨우쳐 주신다. 아침마다 '나의' 귀를 깨우쳐서,
마치 '가르침을 받은' 사람처럼 당신의 말씀을 알아듣게
하시는 것이다.

하나님께서 왜 특별히 '내'게 당신의 말씀을 주시고, 아침마다 당신의 말씀을 알아듣게끔 '나의' 귀를 깨우쳐 주시는가? '나'로 '곤고한 자를 말로 어떻게 도와줄 줄을 알게' 하시기 위함이다. 여기에서 우리는 본문이 언급한 '나'의 정체성을 파악할 수 있다. '나'는 '곤고한 자'를 익히 파악하고 있는 존재다. '곤고한 자'라 번역된 히브리어 형용사 '야에프'(יָעֵף)는 '지친 (자)'를 일컫는다. '나'는 누구의 삶이 왜 지쳐 있는지 알고 있다. 죄로 인해, 욕심으로 인해, 증오심으로 인해, 가난으로 인해, 질병으로 인해, 지칠 대로 지친 인간들의 삶을 '나'는 속속들이 알고 있다. 알고만 있는 것이 아니라, '나'는 그 각각의 사람들에 대해 말할 수 없는 연민을 지니고 있다. 그래서 하나님께서 '나'에게 그들 한 사람 한 사람에게 필요한 당신의 말씀을 아침마다 쏟아부어 주시는 것이다.

이것이 이사야 50장 4절의 핵심이다. '내'가 하나님께서 '나'에게 맡겨 주신 인간을 알면, 하나님께서 매일 '나'의 심령 속에 그들을 위한 당신의 말씀을 채워 주신다는 것이다. 한마디로 본문의 '나'는 인간 공부가 전제되어 있는 '나'다. 그러므로 이사야 50장 4절의 '나'는 얼마든지 그대와 나 자신일 수 있다. 그대와 내가 하나님께서 우리에게 맡겨 주신 사람들의 삶을 구체적으로 알고 그들과 함께 우리의 삶을 나누면, 이사야 50장 4절은 곧 그대와 나의 신앙고백이 될 것이다. 이 구절에 우리 자신의 이름을 넣어 다시 읽어 보자.

주 여호와께서 학자들의 혀를 ○○○에게 주사 ○○○로 곤고한 자를 말로 어떻게 도와 줄 줄을 알게 하시고 아침마다 깨우치시되 ○○○의 귀를 깨우치사 학자들 같이 알아듣게 하시도다

이처럼 이사야 50장 4절을 자신의 신앙고백으로 삼은 목사라면, 그 어떤 목사도 소위 유명 목사의 설교문을 넘볼 필요나 까닭이 없을 것이다.

목사가 인문(人文)을 아는 것은 더없이 중요하다. 인문은 삶의 무늬다. 종족에 따라, 지역에 따라, 학력이나 직업에 따라, 다시 말해 삶의 자리에 따라 인간 삶의 무늬는 다르다. 목사가 인간의 보편성뿐 아니라 삶의 자리에 따른 개별적 무늬를 인식해 가는 것은, 그 무늬의 주인공들을 하나님의 말씀과 이어 줄 접촉점을 찾고 확대

하는 길이다. 본래 영성의 우물은 깊이 들어가면 수맥과 이어지고, 그 속에서는 창세기부터 요한계시록까지 성경 육십육 권의 모든 말씀이 마치 거미줄처럼 서로 치밀하게 얽혀 있다. 그러나 하나님의 말씀은 인간을 위한 말씀이다. 그러므로 목사가 지니는 영성의 깊이는 인간에 대한 앎의 깊이, 즉 인문의 깊이와 정비례한다. 목사가 다양한 인간의 다양한 삶의 무늬를 더 깊이 알아갈수록, 하나님께서 아침마다 그의 귀를 깨우치사 학자같이 알아듣게 해주시는 말씀이 더 깊고 오묘해지는 것이다. 인문이 깊은 목사의 영성이 마르거나 말씀이 고갈되지 않는 까닭이 거기에 있다.

목사가 책을 통해 인문의 경지를 넓혀 가는 것은 목회의 기본이다. 모든 언론매체를 통칭하는 신문 역시 목회에 필수불가결의 요소다. 목사의 한 손에는 성경, 또 다른 손에는 신문이 들려 있어야 한다는 카를 바르트(Karl Barth)의 견해는 21세기의 AI시대에도 여전히 유효하다. 신문이 다루는 내용이 인간 및 인간이 살고 있는 세상이므로, 신문은 선악 간에 인간 삶의 다양한 무늬를 보여 주는 진열장이라 할 수 있다. 그러나 목사는 그것만으로는 부족하다. 비단 목사가 아니더라도, 지성인은 책과 신문을 통해 인문의 경지를 확장해 가기 마련이다. 목사는 그 위에 한 가지가 더 있어야 한다. 하나님께서 자기에게 맡겨 주신 교인들의 삶의 무늬를 파악하는 것이다.

책과 신문을 통해 파악할 수 있는 인간 삶의 보편적인 무늬에 더하여, 목사는 자기에게 맡겨진 교인들의 특수적 혹은 차별적 삶의 무늬도 읽을 수 있어야 한다. 이 세상의 모든 그리스도인은 남녀노소 빈부귀천 차별 없이 주님을 믿고 좇는다는 의미에서 모두 보편적인 그리스도인이다. 그리스도인이라면 영위해야 할 보편적인 삶의 무늬가 있는 것이다. 하지만 그리스도인의 삶에 그 보편적인 무늬만 새겨지는 것은 아니다.

한국의 그리스도인과 미국의 그리스도인, 서울의 그리스도인과 지방의 그리스도인, 도시의 그리스도인과 시골의 그리스도인, 부촌의 그리스도인과 빈민촌의 그리스도인, 고학력의 그리스도인과 그렇지 못한 그리스도인의 삶이 동일할 수는 없다. 같은 그리스도인이라 해도 지역, 연령, 학력, 직업, 소득에 따라 개개인의 삶의 무늬는 다를 수밖에 없다. 즉 그리스도인은 그리스도인의 보편적인 삶의 무늬와 함께, 각자의 삶의 자리에 따

라 특수적 혹은 차별적인 삶의 무늬도 동시에 지니고 있
다. 목사는 교인들의 그 특수적 혹은 차별적인 삶의 무
늬를 민감하게 헤아릴 수 있어야 한다.

서두에 언급한 L 전도사의 이야기로 되돌아가 보자.
그는 서울 주님의교회에서 창세기 성경공부를 통해 영
적 유익을 얻었다. 그래서 남부 아시아 B 도시에 소재한
B한인교회로 떠나면서 그 성경공부 교재를 들고 갔다.
그 교재로 B한인교회 교인들과도 자신이 체험한 은혜를
공유할 수 있다고 기대한 것이다. 그러나 결과는 그의
기대와 달랐다. 왜 그랬을까? L 전도사의 관심이 B한인
교회를 이룬 그리스도인들의 보편적인 삶의 무늬에 국
한되어 있었기 때문이다. 그 이후에 L 전도사는 서울과
는 전혀 삶의 자리가 다른 그곳 그리스도인들에 대한 선
이해에 집중하였다. 그리고 주님의교회 성경공부 교재
를 그들에게 맞게끔 새롭게 적용하였다. 결과는 은혜로
웠다. 그것은, L 전도사가 남부 아시아 B 도시에 살고 있
는 한인 교인들의 특수적 혹은 차별적인 삶의 무늬를 헤
아린 결과였다. L 전도사가 그들의 특수적 혹은 차별적
인 삶의 무늬를 헤아릴 때, 하나님께서 그가 주님의교회
교재를 그들의 특수적 혹은 차별적 삶의 무늬에 적절하

게 적용할 수 있도록 그의 귀를 깨우쳐 주시고, 그에게 학자처럼 당신의 말씀을 알아듣게 해주신 것이다. 목사가 하나님께서 자기에게 맡겨 주신 교인들의 특수적 혹은 차별적 삶의 무늬를 헤아리는 것은 이처럼 중요하다.

그대의 이해를 돕기 위해 나 자신의 경험을 그대와 나누는 것을 양해해 주기 바란다.

내가 1988년부터 1998년까지 10년간 주님의교회를 목회할 때, 나는 사십 대 중년으로, 나의 체력이 나의 목회를 뒷받침해 주던 시기였다. 교인 수가 오백 명에 이를 때까지 나는 어린아이들을 포함하여 모든 교인의 이름과 얼굴을 정확하게 기억하였다. 교인 수가 오백 명이 넘어선 이후에도 나는 십 년 임기를 마치고 퇴임할 때까지, 새신자와 유고 교인 심방 그리고 결혼과 장례예배의 집례는 반드시 나의 의무로 삼았다. 한 명이라도 더 많은 교인의 특수적 혹은 차별적 삶의 무늬를 헤아리기 위함이었다.

새벽기도회가 끝난 뒤, 심방이 필요한 가정의 카드를 책상 위에 펼쳐 놓고 차례로 기도하면, 하나님께서 어김없이 나의 귀를 깨우치사 각 가정에 필요한 당신의 말씀을 학자처럼 알아듣게 하셨다. 심방은 매주 금요일에 했는데, 평균 열 가정이 넘었다. 아침에 시작한 심방은 보통 밤 10시가 넘어서야 끝났다. 몸은 피곤했지만, 하나님께서 각 가정을 위해 예비해 주신 말씀으로 심방은 늘 은혜가 넘쳤다. 심방이 목사의 의례적인 가정 방문이 아니라, 각 가정을 위한 개별적인 사경회가 되게끔 하나님께서 말씀의 은혜를 부어 주신 것이다. 그런 의미에서 심방, 결혼 및 장례예배는 내 설교의 텃밭과도 같았다. 그런 과정을 통해 나는 교인 개개인의 특수적 혹은 차별적 삶의 무늬를 읽을 수 있었고, 하나님께서는 내가 주일 강단에서 그들을 포함한 교인들에게 전해야 할 당신의 메시지를 깨닫게 해주셨다.

2005년 7월 10일 100주년기념교회가 창립되었을 때, 나는 우리 나이로 오십칠 세였다. 창립 후 첫 주일예배에 수백 명이 참석한 교인 수는 매주 수십 명씩 늘어났다. 나의 입장에서는 모두 새신자들인 셈이었다. 그러나 기하급수적으로 늘어나는 새신자 심방과 교인 경조사는 처음부터 나의 능력을 넘어서는 일이었다. 지난 30여 년에 걸친 나의 목회는 여러 면에서 미흡했다. 그중에서도 가장 아쉬운 일은, 100주년기념교회 창립 초기부터 많은 교인들이 몰려든 탓에 주님의교회와는 달리, 담임목사인 내가 처음부터 모든 교인 개개인과 깊은 만남을 가질 수 없었다는 점이다. 두고두고 아쉬운 대목이다. 그렇다고 교인들과 개별적인 만남을 아예 단념해 버린 것은 아니었다. 나는 담임목사로서, 한 명이라도 더 많은 교인과 개별적인 만남을 갖기 위한 나 나름대로의 시도를 게을리하지 않았다.

100주년기념교회는 한동안 교인 오백 명당 교구 전임목사 한 명을 두었다. 100주년기념교회 교구목사의 수가 다른 교회보다 더 많았던 것은 이처럼, 한 명의 교구목사가 책임지는 교인 수가 다른 교회에 비해 상대적으로 적었기 때문이다. 교구목사가 교인 개개인을 보다 세심하게 섬기도록 하기 위한 배려였다. 나는 교구목회에 일체 관여하지 않으므로, 교구목사가 교구 교회의 담임목사가 되게 하였다. 심방, 경조, 상담, 성경공부 등 교구목회와 관련된 모든 사역을 교구목사가 소신껏 전담하게 한 것이다.

그러나 교인 가운데에는 자신이 직면한 문제에 대해 최종적으로 담임목사인 나의 의견을 구하려는 교인들이 적지 않았다. 나는 아무리 시간이 많이 소요되더라도 대면, 메일, 전화 등 어떤 방법을 택하든 그들의 개별적인 요청에 모두 응하였다. 단체로 합동 심방을 받기 원하는 구역의 요청도, 지역적으로 아무리 먼 구역이라도, 그 구역을 책임지는 교구목사와 함께 반드시 응하였다. 그리고 교회에서 출발하기 전, 교구목사가 작성한 각 가정 심방 기록을 면밀하게 파악하였다. 합동 심방 장소에서는 사전에 파악한 기록을 토대로, 그 자리에 참석한 모든 구역 식구 개개인과 개별적인 대화를 꼭 주고받았다. 구역 합동 심방을 할 때마다 가장 크게 은혜를 누리는 사람은 두말할 것도 없이, 교인 개개인의 특수적 혹은 차별적 삶의 무늬와 어우러지는 나 자신이었다.

개신교의 양대 성지인 양화진외국인선교사묘원과 용인 소재의 한국기독교순교자기념관을 관리하는 100주년기념교회에는 타 교회에 비해 상대적으로 많은 봉사팀이 있다. 어느 봉사팀이든 담임목사와의 만남을 요청할 때에도 몇 번이든 응하였다. 그때에도 담당 교역자를 통해 참석자들의 명단과 인적사항을 사전에 파악하였다. 참석하는 분들 개개인과 인격적인 만남을 갖기 위함이었다. 봉사팀과의 만남은 주로 질의응답으로 이루어졌는데, 나는 시간이 아무리 지체되어도, 그분들과의 만남이 마치 인생 최후의 만남인 것처럼, 참석자들의 질문이 그칠 때까지 그분들의 모든 질문에 최선을 다해 답했다. 교인들의 질문을 파악하는 것은 그들과의 접촉점을 확대하는 지름길인 동시에, 나 자신의 목회를 반추하게 해주는 자기 점검의 거울이 되었다.

100주년기념교회 구내식당은 주일은 물론이고, 평일 점심시간과 수요일 저녁 시간에도 문을 연다. 일 년 내내 양화진외국인선교사묘원을 찾는 참배객들을 위해 매주 연 오백 명의 교인들이 평일에도 자원봉사하기 때문이다. 구내식당 역시 교인들의 자원봉사로 운영된다. 나는 교회 식당에서 식사할 경우 교역자들과 함께 앉지 않고, 늘 교인들이 앉아 있는 식탁에서 교인들과 함께 식사하였다. 함께 식사해 본 적이 없는 교인이 있으면 그 식탁을 우선적으로 선택하였다. 한 명이라도 더 많은 교인과 개별적인 접촉점을 갖기 위함이었다. 나는 본래 식사를 늦게 하는 편인데, 교인들과 식사할 때는 일부러 시간을 더 끌었다. 교인들과 더 많은 대화를 주고받기 위함이었다. 신앙생활에 애로점은 없는지, 사회적으로 어떤 일을 하고 있는지, 교회에 건의사항은 없는지, 가족관계는 어떤지, 별도의 주제 없이 다방면의 이야기를 주고받았다. 교인이 성경에 대한 질문을 제기하면, 즉석에서 식탁 강론이 이루어지기도 했다. 교회 식당에서 이루어지는 교인들과의 대화를 통해 주님께서 그들 개개인을 어떻게 보듬어 주고 계시는지 확인하는 것은, 바로 나 자신에 대한 주님의 무한한 위로와 격려를 헤아리는 것이기도 했다.

나는 2013년 암수술을 받은 이후에는 체력상 한 달에 세 번 설교하였다. 나의 사역 마지막 해인 2018년에는, 전반기에는 격주로 한 달에 두 번 그리고 후반기에는 한 달에 한 번만 설교하였다. 그해 11월 셋째 주일로 예정한 퇴임을 앞두고 나의 주일강단 영향력을 스스로 감소시키기 위함이었다. 내가 설교하지 않는 주일에는 본당 이외의 예배실들을 순례하면서, 주일에 본당에 들어오지 못하는 교인들과 눈을 맞추었다. 그 이후에는 본당 친교실에 들러, 나와 개인적으로 이야기하고 싶어 하는 교인들과 만났다. 그 과정을 통해서도 100주년기념교회에 출석하는 교인들에 대한 이해의 지경이 넓어졌음은 물론이다.

삼십여 년에 걸친 목회생활 중, 나는 한 번도 비서나 기사를 둔 적이 없었다. 나는 지금도 비서와 기사를 두는 목사를 이해하지 못한다. 비서를 시켜 교인에게 전화하고, 전용기사가 운전하는 고급 승용차를 이용하는 목사는 접촉하는 교인이 제한적일 수밖에 없을 텐데, 그렇게 하고서도 과연 남녀노소 빈부귀천 개개인의 특수적 혹은 차별적 삶의 무늬를 헤아리는 목회가 가능할 수 있는지 의문이다. 나의 경우에는, 비서 없이 나 홀로 사용하는 사무실은 내가 근무 중일 때는 항상 열려 있었다. 그러므로 굳이 나와 1 대 1로 면담하기 원하는 교인은 그 누구도 통하지 않고 언제라도 나의 사무실에 들어올 수 있었다.

이처럼 나는 한 명이라도 더 많은 교인들과 개별적인 만남을 가짐으로, 그들 개개인의 특수적 혹은 차별적 삶의 무늬를 헤아리기 위해 애썼다. 그 결과 나는 하나님께서 나를 통해 그들 개개인에게 일러 주시려는 말씀의 바다를 더 깊이 헤엄치는 은혜를 누릴 수 있었고, 그것은 고스란히 교인들의 유익으로 귀결되었다.

목회의 대상은 목사 자신의 야망이 아니다. 산림초목이 목회의 대상인 것도 아니다. 목회의 대상은 '칠 목(牧)' 자와 '모일 회(會)' 자의 의미가 밝혀 주듯이, 언제나 인간이다. 인간을 제대로 알지 못하고는 인간을 살리시기 위한 하나님의 말씀을 바르게 알 수도 없고, 그 말씀이 육신을 입고 인간에게 다가오신 예수님을 인격적으로 이해할 수도 없다.

안타깝게도 신학교에서는 인간을 가르치지 않는다. 그렇다고 하나님의 말씀인 성경을 제대로 가르치는 것도 아니다. 신학생들은 성경이 아니라, 성경에 관한 책들에만 골몰하다가 신학교를 나선다. 그래서 가는 곳마다 목사 천지인데, 그 많은 목사들의 목회가 인간의 본질적 변화에는 별다른 영향을 미치지 못한다. 인간을 알지 못하는 목사의 목회는 화석화된 종교행위를 탈피할 수 없는 까닭이다.

그대는 성경에 관한 책을 읽거나 성경을 알려는 열심만큼 인간을 알기 위해 힘써야 한다. 교인의 집을 방문하여, 뻔한 성경 구절을 읽고 복을 빌어 주는 형식적인 심방으로는 안 된다. 그것은 직업 종교인의 행태일 뿐이다. 목사는 직업 종교인이어서는 안 된다. 목사는 하나님께서 맡겨 주신 사람들을 가나안 땅으로 바르게 인도해 가기 위해 자신을 기꺼이 소진하는 소명인이어야 한다. 그러므로 그대는 교인들의 마음을 읽고, 그들이 살아온 특수적 혹은 차별적 삶의 무늬를 헤아리는 통찰력을 길러야 한다. 교인 수가 늘어날수록, 한 명이라도 더 많은 교인과 그와 같은 인격적인 만남을 가능하게 해줄 그대만의 방법을 깊이 모색해야 한다.

그대가 이처럼 목회 대상인 인간을 알기 위한 힘씀을 멈추지 않는다면, 주일강단에서 선포하는 그대의 설교는 단순한 공기의 진동을 뛰어넘어, 하나님께서 알아듣게 해주시는 하나님의 말씀으로 교인들의 심령 속에 깊이 파고들 것이다. 그리고 시간이 흘러 갈수록 그대 교인들의 삶은 존재적 변화와 새로운 생명의 열매로 영글어 갈 것이다. 이 이외에 교인들을 사랑하고 살리는 길이 어디에 또 있겠는가?

나는 나의 목회를

소위 더 큰 목회를 위한

징검다리로 이용하고 있지는 않은가?

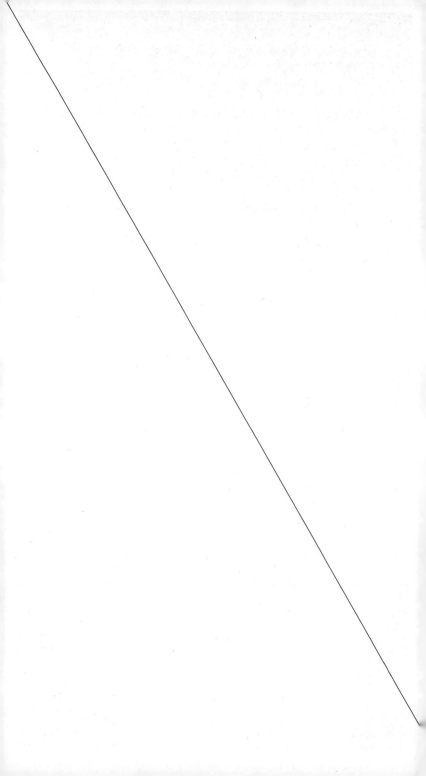

사사 시대에 팔레스타인 중부 구릉 지대 에브라임 산지에 미가라는 사람이 살고 있었다. 그 시대의 특징은, '사람마다 자기 소견에 옳은 대로 행하는'(삿 17:6) 것이었다. 미가의 집에는 개인 신당이 있었다. 어머니의 은 천백 냥을 훔친 미가는 어머니의 저주를 받자 두려움에 그 돈을 토해 내었다. 그 아들 미가가 여호와의 복을 받기 원한 어머니는 은 이백 냥을 하나님께 바친다며 은세공장이를 시켜 신상을 만들었다. 그녀가 고안한 하나님의 신상이었다. 미가 집의 개인 신당은 그 신상을 위한 신당이었다. 미가는 한술 더 떠 에봇과 드라빔까지 만들어 신당에 안치하고, 자기 아들 중 한 명을 제사장으로 삼기까지 했다.

하나님은 영이시다. 불가시적 영이신 하나님을 가

시적인 신상으로 만든다면, 아무리 예술적 가치가 뛰어나다 해도 그것은 금속이나 돌덩이 우상일 뿐 하나님이 아니다. 에봇은 본래 대제사장이 입는 예복이었다. 하지만 기드온이 미디안에 거둔 승리를 기념하기 위해 탈취한 금으로 에봇을 만들어 전시한 이후부터, 에봇은 이스라엘 사람들에게 경배의 대상이 되었다. 에봇 자체가 또하나의 우상이 된 것이다. 드라빔 역시 고대부터 근동지방의 사람들이 가정의 수호신으로 섬기던 우상이었다. 더욱이 제사장직은 하나님께서 직접 세우신 제도로, 레위 지파인 아론의 후손만 그 직을 수행할 수 있었다. 하지만 미가 본인도, 그리고 미가가 제사장으로 삼은 그의 아들도, 모두 레위 지파가 아닌 에브라임 지파였다.

미가는 하나님을 알지 못하는 이방인이 아니었다. 미가 역시 하나님을 경외하는 이스라엘 사람이었다. 그런데도 미가는 여호와 하나님께 복을 받기 위해 그런 짓을 하였다. 그 시대가 아무리 사람마다 자기 소견에 옳은 대로 행하는 시대였다 해도, 하나님을 믿는다는 미가는 나가도 너무 나간 셈이었다. 그렇지만 미가는 자기 소견을 조금도 의심하지 않았다. 그가 제사장으로 삼은 자기 아들과 함께 자기 개인 신당에서 신상과 에봇 그리고 드라빔을 제사할 때마다, 그는 여호와 하나님께 복을 받기 위해 온 지성을 다했을 것이다.

십계명 제1계명은 '다른 신들을 두지 말라', 제2계명은 '우상을 만들지 말라', 제3계명은 '여호와의 이름을 망령되이 부르지 말라', 제4계명은 '안식일을 거룩하게 지켜라'이다. 십계명 가운데 이 네 계명이 하나님과 바른 관계를 위한 하나님의 명령이다. 그러나 은으로 하나님의 신상을 만들어 제사하고, 에봇을 경배의 대상으로 삼으며, 그것도 모자라 수호신으로 드라빔까지 갖춘 미가는 1계명부터 4계명까지 완벽하게 범하였다. 안식일마다 은으로 만든 신상을 여호와 하나님이라 부르며 에봇 및 드라빔과 함께 지성을 다해 제사할 때마다, 그는 실은 십계명을 파기하는 셈이었다. 그러나 미가의 소견에는 그것이 하나님의 복을 받기 위한 바른 신앙의 길이었다. 하지만 자기 신당의 제사장으로 세운 아들이 레위 지파가 아닌 데 대해서는 미가의 마음에 아쉬운 구석이 있었던 모양이다.

베들레헴 출신의 레위 청년이 정착할 곳을 찾아 떠돌아다니다가, 우연히 에브라임 산지의 미가 집에 들렀다. 그 떠돌이 청년이 레위 지파임을 안 미가는 즉석에서 그 청년을, 자신을 위한 영적 아비와 자기 개인 신당의 제사장으로 스카우트하였다. 스카우트 조건은, 숙식 제공에 매년 은 열 냥과 의복 한 벌이었다. 떠돌이 청년에게는 무료 숙식과 은 열 냥도 엄청난 혜택이었지만, 당시에는 의복 역시 전당물이 될 정도로 주요 재산이었다. 미가가 제시한 조건은 그 떠돌이 청년에게 마치 로또와 같았다. 거절하거나 사양할 까닭이 없었다. 그 청년은 미가의 스카우트 제의를 즉석에서 수락하였다. 미가는 그 청년이 제사장 직무의 훈련을 받았는지, 제사장 직무를 수행해 본 경험은 있는지, 제사장 직무를 수행할 수 있게끔 거룩하게 구별되어 있는지 등은 따지지도 않았다. 미가의 관심은 오로지 그 청년이 레위 지파라는 그의 외적 스펙이었다. 미가는 스스로 그 청년을 거룩하게 구별하여 제사장으로 세웠다. 자신의 개인 신당에 드디어 레위 지파 제사장의 구색까지 갖춘 미가는 스스로 감격하며 다음과 같이 선포하였다.

> 이에 미가가 이르되 레위인이 내 제사장이 되었으니 이제 여호와께서 내게 복 주실 줄을 아노라 하니라 (삿 17:13).

'아노라'로 번역된 히브리어 동사 '야다'(ידע)는 본래 '직접 보고 확인하다'라는 의미다. 성경에는 남자와 여자가 '동침하다'라는 의미로도 이 단어가 사용되었다(창 4:1). 알더라도 막연하게 혹은 두루뭉술하게 아는 것이 아니라, 동침한 남자와 여자가 서로 깊이 아는 것처럼 확실하게 안다는 뜻이다. 즉 미가는 레위인을 제사장으로 세워 자기 신당이 완전무결하게 되었으므로, 여호와께서 자기에게 반드시 복을 주실 것이라고 확신하며 감격한 것이었다.

미가에게 제사장으로 스카우트된 떠돌이 청년 역시 하나님을 믿는 레위인이었다. 하지만 그는 자기에게 제사장 직무를 수행할 자격이 있는가, 미가가 자신을 제사장으로 거룩하게 구별하기만 하면 자신이 하나님 앞에서 정말 거룩한 제사장이 되는 것인가, 미가 개인 신당의 신상이 여호와 하나님이 맞기는 한가, 그 신상과 에봇 그리고 드라빔을 제사하는 것이 과연 제사장의 바른 직무인가, 그것이 하나님을 부정하고 모독하는 범죄 행위인 것은 아닌가 등과 같은 질문이나 의문을 제기하지 않았다. 그는 미가가 제시한 스카우트 조건에 혹하여, 일말의 망설임도 없이 그 집의 제사장이 되었다. 짝퉁 제

사장이었다. 그러나 떠돌이였던 레위 청년은 짝퉁 제사
장이란 죄의식도 없이, 날마다 자신이 누리는 스카우트
조건에 행복해하며 제사장직을 수행하였을 것이다.

그러나 자기 신당에 레위 제사장을 세웠다는 미가
의 행복도, 미가의 스카우트 조건을 흡족하게 여긴 레위
청년의 행복도, 무지와 욕망에 기인한 거짓 행복일 뿐이
었다. 그런데도 마치 그것이 행복인 것처럼 그들 스스로
속고 있었다.

이스라엘 지파들 가운데, 그때까지 단 지파만 정착
할 땅을 확정받지 못한 상황이었다. 단 지파는 여호수아
시대에 땅을 분배받긴 했지만, 아모리 족속에게 밀려나
떠돌이 지파가 되고 말았다(삿 1:34). 단 지파는 정착할
땅을 찾기 위해 다섯 명의 정탐꾼들을 보내 마땅한 땅을
탐지하게 했고, 마침 에브라임 산지를 지나던 그들은 미
가의 집에서 하룻밤을 묵게 되었다. 그들은 그 집에 신
당과 레위 청년 제사장이 있는 것을 보았다. 이튿날 미
가의 집을 떠나 다시 정탐의 길에 나선 그들은 북쪽 라
이스 지역이 그들 지파가 정착하기에 적합한 곳임을 확
인하였다. 그들의 보고를 받은 단 지파는 그 땅을 정복

하기 위해 육백 명의 칼잡이들을 정벌대로 보냈다. 그 땅을 탐지했던 다섯 명의 정탐꾼들은 정벌대의 길잡이가 되었다.

그들이 에브라임 산지 미가의 집을 거쳐 가게 되었다. 다섯 명의 정탐꾼들은 이전에 미가의 집에서 하룻밤을 묵으며 미가의 신당과 레위 청년 제사장을 본 적이 있었다. 미가 신당에 안치된 신상과 에봇 그리고 드라빔은 보는 사람이 갖고 싶어 할 정도로 잘 만들어져 있었던 모양이다. 정탐꾼 다섯 명은 칼잡이 육백 명으로 하여금 망을 보게 한 뒤, 미가의 신당에서 신상과 에봇 그리고 드라빔을 훔쳐 나왔다. 그들이 정복할 라이스 땅에 그것들을 두고 섬기기 위함이었다. 그 광경을 목격한 레위 청년 제사장이 그들을 가로막으며 무슨 짓을 하느냐고 다그쳤다. 발각당한 정탐꾼들은 청년 제사장에게 즉시 다음과 같이 제의하였다.

그들이 그에게 이르되 잠잠하라 네 손을 입에 대라 우리와 함께 가서 우리의 아버지와 제사장이 되라 네가 한 사람의 집의 제사장이 되는 것과 이스라엘의 한 지파 한 족속의 제사장이 되는 것 중에서 어느 것이 낫겠느냐 하는지라(삿 18:19).

거침없는 즉석 스카우트 제의였다. 정탐꾼들이 그들의 절도 행위를 다그치는 레위 청년 제사장에게, 군말 말고 자신들을 따라가 단 지파의 영적 아비와 제사장이 되라고 스카우트의 손길을 내민 것이었다. 그리고 미가 한 집안의 제사장과 이스라엘 한 지파의 제사장 중에 어느 쪽이 네게 더 유익하겠느냐고 반문하였다. 요즈음 식으로 표현하면, '당신처럼 유능한 목사가 왜 이런 작은 교회에서 썩고 있어? 이왕 목회하려면 큰 목회를 해야지! 작은 교회 목회와 큰 교회 목회 중 어느 쪽이 당신에게 더 유익하겠어?' 하고 부추긴 것이다. 신상을 절도한 정탐꾼들을 다그치다 오히려 그들로부터 엄청난 스카우트 제의를 받은 레위 청년 제사장의 반응은 다음과 같았다.

그 제사장이 마음에 기뻐하여 에봇과 드라빔과 새긴 우상을 받아 가지고 그 백성 가운데로 들어가니라(삿 18:20).

단 지파의 영적 아비와 제사장이 되라는 정탐꾼들의

스카우트 제의를, 레위 청년 제사장은 이번에도 망설이지 않고 기뻐하며 그 자리에서 수락하였다. 그는 정탐꾼들이 훔친 장물인 신상과 에봇 그리고 드라빔을 자신이 받아들고 곧장 단 지파를 따라나섰다. 뒤늦게 그 사실을 안 미가가 이웃 사람들과 함께 단 지파를 추격하여, 왜 자신의 신상과 제사장을 훔쳐 가는지 따져 물었다. 그러나 자신을 죽이려는 칼잡이 육백 명의 서슬에 기가 꺾인 미가는 그냥 돌아설 수밖에 없었다. 그 와중에도 레위 청년 제사장은, 그동안 자신을 먹여 주고 입혀 주었던 미가를 위해서는 그 어떤 행동도 하지 않았다. 자신이 제사장으로 세웠던 레위 청년에 대한 미가의 배신감은 이루 말할 수 없이 컸을 것이다.

본래 떠돌이였던 레위 청년은 우연히 미가를 만나 제사장 대우를 받으며, 아무 걱정 없이 호의호식해 왔다. 떠돌이의 풍족한 정착이란 관점에서만 보자면, 그 레위 청년에게 미가는 은인과도 같았다. 하지만 그 레위 청년은 단 지파로부터 상상치 못한 엄청난 스카우트 제의를 받자, 그동안 신세 졌던 미가에게 단 한 마디의 작별 인사도 없이, 도리어 정탐꾼들이 미가의 신당에서 훔친 장물을 받아 들고는 미가에게 등을 돌려 버리고 말았다.

그는 최소한의 도리나 예의도 갖추지 못한 부도덕한 인간이었다. 그로써 그는, 자신이 엉터리 짝퉁 제사장에 지나지 않음을 스스로 증명한 셈이었다.

그런데 어떤가? 지금까지 살펴본 레위 청년 제사장은 오늘날에도 우리 주위에 수두룩하지 않은가? 자신이 담임하는 교회보다 더 큰 규모의 교회에서 스카우트 제의가 오기만 하면 기쁜 마음으로 즉각 응하는 목사들, 혹은 스스로 스카우트되기 위해 이력서를 들고 큰 교회 주위를 기웃거리는 목사들, 이들이 바로 현대판 레위 청년 제사장 아닌가? 그들이 큰 교회의 스카우트 제의를 수락하느라 그동안 목회하던 교회를 등지면서 온갖 미사여구로 소명을 운운해도, 그들이 참된 소명인일 수는 없다. 정탐꾼들이 훔친 미가 신당의 신상을 자기 가슴에 품고 그동안 신세졌던 미가를 등지고 단 지파의 스카우트를 따라나선 레위 청년 제사장과 그들 사이에 아무런 차이도 있을 수 없기 때문이다.

오늘날의 신학교는 지원자의 소명 여부를 심도 있게 확인하지 않는다. 대부분의 신학교는 정원 미달의 위기 속에서, 신학교를 유지하기 위한 수단으로 신학생을 필요로 하고 있다. 교회가 담임목사를 청빙할 때에도, 청빙 후보자가 교인들을 위해 자신의 삶을 온전히 바칠 소명 인인지를 헤아리기보다는, 그를 포장하고 있는 외적 스펙을 더 중요시한다. 미가가, 떠돌이 청년이 레위 지파의 외적 스펙을 갖추었다는 이유만으로 그를 절대적으로 신뢰하여, 자신이 배신당할 것은 상상하지도 못한 채 자기 신당의 제사장으로 세운 것과 같다. 자신이 목회하는 교회에서 소위 능력을 검증받은 목사가 상대적으로 더 큰 교회에 스카우트되어 가는 것이 오늘날 당연한 것처럼 되었고, 교인들은 그렇게 스카우트되어 가는 목사를 가리켜 영전했다고 말한다. 목사와 교회 타락의 한 전형이 아닐 수 없다.

곰곰이 생각해 보자. 한국 교회에서 부목사가 담임목사 청빙 공고를 살피고 지원하는 것은 자연스러운 일이다. 어느 부목사든 담임목사를 꿈꾸는 것은 인지상정이다. 하지만 한 교회를 책임진 담임목사가 상대적으로 더 큰 규모의 교회 청빙에 스스로 이력서를 제출하거나, 혹은 스카우트 제의를 받고 수락한다면, 과연 그 목사가 참된 소명인일 수 있을까?

한 교회의 담임목사가 된다는 것은, 교인 수의 많고

적음에 상관없이, 하나님께서 그 목사를 믿고 당신의 자녀들을 그에게 맡기시는 것을 의미한다. 그러므로 담임 목사는 두말할 것도 없이, 자신의 임기 동안 하나님 아버지의 심정으로 맡겨진 교인들에 대한 책임을 다해야 한다. '교인들을 위한 어부'가 되어, 자신의 뼈가 으스러지기까지 그들과 함께 삶을 나누어야 하는 것이다. 그럼에도 주님께서 맡기신 교인들을 버리고 더 큰 교회를 탐한다면, 그 목사는 소명인일 수 없다. 좋게 말하면 하나님을 이용하여 자기 유익을 구하는 직업 종교인이요, 심하게 말하면 종교 장사꾼일 뿐이다. 그런 목사는, 단 지파의 스카우트 제의에 혹하여 그동안 녹을 먹여 주던 미가를 매몰차게 등져 버린 레위 청년 짝퉁 제사장처럼, 자기 영달만 꾀하는 짝퉁 목사가 아닐 수 없다.

오래전, 미국 소도시 한인 교회의 젊은 목사가 미국 대도시 큰 교회의 스카우트 제의를 받았다. 소도시 한인 교회 교인들은 울면서 목사를 만류하였다. 목사는 기도해 보겠다고 했다. 그리고 작정한 기도 기간이 끝나자, 목사는 사도행전 21장 12-14절을 본문 삼아 설교하면서 교인들에게 작별을 선포하였다.

우리가 그 말을 듣고 그 곳 사람들과 더불어 바울에게 예루살렘으로 올라가지 말라 권하니 바울이 대답하되 여러분이 어찌하여 울어 내 마음을 상하게 하느냐 나는 주 예수의 이름을 위하여 결박 당할 뿐 아니라 예루살렘에서 죽을 것도 각오하였노라 하니 그가 권함을 받지 아니하므로 우리가 주의 뜻대로 이루어지이다 하고 그쳤노라

젊은 목사가 자신도 바울처럼 주님을 위해 죽을 각오로 떠나간다는데야, 그를 만류하던 교인들도 어쩔 도리가 없었다. 그러나 그 젊은 목사가 본문의 바울과 자신을 동일시한 것은 적절한 비유가 아니었다. 가이사랴의 그리스도인들이 바울의 예루살렘행을 눈물로 만류한 것은 아가보의 예언 때문이었다. 아가보는 글라우디오 황제 시절에 팔레스타인을 강타한 대흉년을 족집게처럼 예언했던 선지자였다(행 11:28). 그 아가보가 바울을 보고 예루살렘에서 결박당해 투옥될 것이라고 예언한 것이다. 그로 인해 가이사랴의 그리스도인들이 울면서 바울의 예루살렘행을 가로막았다. 사랑하는 바울을 보호하기 위함이었다. 바울은 그들의 눈물의 만류를 뿌

리쳤다. 주님의 뜻을 실천하기 위함이었다. 그래서 바울은 주님의 뜻을 위하여 죽을 것을 각오하고 결박과 환난이 도사린 예루살렘을 향해 자기 몸을 던진 것이다. 반면에 그 젊은 목사가 눈물로 자신을 붙잡는 교인들을 뿌리치며 떠나간 곳은 결박과 환난이 도사린 곳이 아니라, 사람들이 소위 영전했다고 말하는 미국 대도시 큰 교회였다.

몇 년이 지나 그 목사는 다시, 미국에서 옮겨 간 교회보다 훨씬 더 큰 국내 대형 교회의 스카우트 제의를 받았다. 그리고 그가 그 스카우트 제의를 받아들이는 과정은 그 이전과 판박이였다. 미국 대도시의 한인 교인들은 목사의 한국행을 만류하였고, 그 목사는 기도해 보겠다고 했고, 자신이 한국 대형교회로 가는 것이 주님의 뜻이라고 선포했고, 주님을 위한다며 옮겨 갔던 미국 대도시의 한인 교회를 불과 몇 년 만에 등지고 그는 한국행 비행기에 올랐다. 그는 두 번이나 보다 큰 교회로 옮겨 가면서 두 번 다 자신을 바울에 비유하였다. 그러나 바울이 목숨을 걸고 자신을 던진 길의 결국은 정말 그의 목이 잘려 죽는 비참한 참수형이었고, 그 젊은 목사가 자기 목숨을 걸고 두 번씩이나 교인들을 등지고 떠난 길은 두 번 다 자기 영달의 길이었다.

그 목사는 단기간 내에 두 번씩이나 보다 더 큰 교회의 스카우트 제의에 응하면서, 두 번 모두 그것이 기도의 응답이라고 했다. 그 목사만 그런 것이 아니다. 자신이 담임하는 교회보다 더 큰 교회에 지원하거나 스카우트되어 가는 목사들은 으레 그것이 주님의 뜻이요, 기도의 응답이라 주장한다. 과연 그럴까? 목사가 마치 미가 집의 레위 청년 제사장처럼, 자신이 담임하던 교회 교인들에게 매몰차게 등을 돌리고 보다 더 큰 교회로 달려가는 것이 정말 주님의 뜻인가? 주님께서는 그렇게, 늘 큰 교회만 사랑하는 분이신가? 목사가 큰 교회로 옮기기 위해 작은 교회 교인들의 마음에 대못을 박는 것이 과연 주님께서 허락하신 일인가, 아니면 목사가 자기 영달을 위한 야망을 주님의 뜻으로 위장한 것인가?

앞에서도 잠시 언급한 것처럼 나는 주님의교회에서 십 년 임기를 마치고 퇴임한 후, 당시 미자립 상태였던 제네바한인교회의 요청으로 사례비의 육십 퍼센트만 받고, 가족을 서울에 남겨 둔 채 홀로 제네바에서 그 교회를 삼 년 동안 섬겼다. 내가 목회하던 주님의교회에 비한다면 제네바한인교회는 소규모 개척 교회 수준이었다. 하지만 나는 그 작은 교회의 요청이 곧 주님의 부르심이라 믿고 그 부르심에 순종하였다. 그래서 나는, 자신이 담임하던 교회를 하루아침에 내팽개치고 큰 교회로 옮겨 가는 것을 주님의 뜻이라고 주장하는 목사들에게 묻고 싶다. 그대들이 믿는 하나님의 응답은, 왜 항상 큰 교회에만 있는가? 왜 담임목사가 보다 더 큰 교회로 옮겨 가는 것만이 하나님의 뜻인가? 그런 하나님이라면 맘몬과 무슨 차이가 있을 수 있겠는가? 그런데도 그대들이 큰 교회로 옮겨 가는 것이 하나님의 뜻이라고 강변한다면, 그대들이 말하는 하나님이 정녕 성경을 통해 당신을 계시하신 삼위일체 하나님이 맞기나 한가?

미국 어느 한인 교회의 담임목사는, 교회 출석 교인 수의 몇 배나 수용 가능한 대형 예배당을 건축하였다. '전(廛)을 늘리면 손님도 늘어난다'는 장사꾼의 전략처럼, 예배당을 크게 지으면 교인도 늘어날 것이라는 속셈이었다. 과도한 예배당 건축인 만큼 교인들의 재정적 부담도 컸다. 목사는 완공될 예배당에서 주님 부르시는 날까지 함께 복된 신앙생활을 하자며 교인들을 독려했고, 교인들은 예배당 건축을 위해 자신의 집을 저당 잡히기까지 하였다. 태평양 건너 이민 간 미국 땅에서 피땀 흘려 마련한 집이었다.

대형 예배당은 완공되었고, 목사의 속셈대로 교인
수는 늘어났다. 하지만 그것은 담임목사가 약속했던 복
된 신앙생활의 시작이 아니었다. 교인 입장에서 보자면,
오히려 배신감과 허탈감의 시작이었다. 대형 예배당 신
축과 교인 증가로 유명세를 탄 목사는 얼마 지나지 않아
국내 대형 교회의 담임목사로 스카우트되었다. 그는, 신
축 예배당에서 주님 부르시는 날까지 함께 복된 신앙생
활을 하자던 자신의 약속을 헌신짝처럼 내팽개치고 서
울행 비행기에 몸을 실었다. 그 목사의 말을 믿고 집까
지 잡혀 가며 건축헌금을 바친 교인들의 배신감과 허탈
감은 크고도 깊었다. 그 교회 장로들이 나를 찾아와, 목
사에게 배신당한 교인들의 위로를 부탁했다. 한 장로는,
집까지 잡히도록 교인들을 꼬드겨 대형 예배당을 짓고
자기 이름을 드높여 한국 대형 교회로 스카우트되어 간
'그 목사는 사기꾼'이라고 내뱉었다. '사기꾼'으로 몰린
목사를 대신하여 내가 그 장로에게 정중하게 사과해야
만 했다.

한국 교회는 장기적으로 담임목사를 키워 낼 생각을

전혀 하지 않는다. 담임목사의 공석은, 교인들이 교회의 정체성과 철학 그리고 나아갈 방향을 재정립하여 정관을 제정하기에(정관을 이미 제정한 교회는 미흡한 내용을 보완하기에) 더없이 좋은 기회다. 교회를 산에 비유하면, 목사는 산에 잠시 머물다 지나가는 바람인 반면 교인들은 산을 지키는 숲이다. 그러므로 교회의 정체성과 철학 그리고 나아갈 방향은 교회를 지키는 교인들에 의해 정관으로 확정되어야 한다. 그리고 교인들은, 목사가 교회 정관에 따라 교회를 바르게 이끄는 조타수가 될 수 있게끔 장기간에 걸쳐 목사를 키워 주어야 한다. 그래야 겉모양만 보고 스카우트한 목사 한 사람에 의해 교회가 좌지우지당하는 진통을 피할 수 있다.

내가 오늘날과 같은 모습의 목사로 존재하는 것은 전적으로 삼십여 년 전, 경력이라곤 파트타임 교육전도사 삼 년이 전부였던 나를 전폭적으로 신뢰하며 십 년 동안 담임목사로 키워 준 주님의교회 교인들 덕분이다. 담임목사를 포함한 항존직 임기제, 헌금함 설치와 전 교인 무명헌금, 헌금 50퍼센트 교회 밖 나눔, 자체 예배당 무소유, 정신여고 대강당 건축 및 무상 기증, 성가대 지휘자·오르가니스트·솔리스트 자원봉사제, 전 교인 가나다 순으로 공예배 대표기도, A4용지 한 장의 흑백 주보, 강단 꽃장식 않기, 전 교직원 갑근세 자진 납부 등은 모두, 당시로서는 생각하는 것조차 어려운 일들이었다. 그렇지만 주님의교회 교인들은 초짜 담임목사인 나를 전적으로 신뢰하고 지지해 주면서, 내가 목사직을 올곧게 수행할 수 있게끔 십 년 동안 나를 키워 주었다. 좋은 목사가 좋은 교인을 가능하게 하는 것도 사실이지만, 그 이전에 좋은 목사를 키워 주는 좋은 교인들이 없다면 좋은 목사는 아예 존재할 수도 없다. 교회가 인내하며 목사다운 담임목사를 키워 내는 것은 곧 한국 교회 미래를 지키는 길이다.

하지만 한국 교회는 하루라도 담임목사가 없으면 교회 존립이 불가능한 것처럼, 담임목사 유고 시 후임 담임목사 청빙을 최우선 과제로 삼는다. 그리고 가장 손쉽게 다른 교회 담임목사를 스카우트한다. 스카우트의 기준은 공기의 진동에 불과할 뿐인 설교 실력과, 목사의 능력을 교인의 머릿수로 판정하는 교회 부흥 실적이다. 그보다 더 중요한 목사의 본성과 인품 그리고 영성의 깊이는 검증 대상에서 제외되거나, 큰 비중을 차지하지 못한다. 교인들의 영혼을 살릴 수도 있고 죽일 수도 있는 담임목사를 스카우트하면서도, 그 기준은 기업의 CEO 스카우트 기준에도 턱없이 못 미친다.

큰 교회에 담임목사를 빼앗긴 교회 역시 자기보다 상대적으로 작은 교회의 담임목사를 스카우트한다. 스카우트의 기준 또한 동일하다. 그리고 졸지에 담임목사를 빼앗긴 그 교회도 예외 없이 또 다른 교회의 담임목사를 스카우트하기 마련이다. 이처럼 한 교회의 담임목사 스카우트는 그것으로 그치지 않고, 한국 교회의 연쇄적인 담임목사 스카우트로 계속 이어진다. 그 악순환 속에서 많은 목사들이 현재 자신이 담임하는 교회보다 더 큰 교회에 스카우트되기 위해 여기저기에 이력서를 제출한다. 그리고 큰 교회로 스카우트된 목사는, 그 교회의 헌금액과 교인 수를 불리거나 최소한 현상 유지해야 한다는 압박 속에서 목회를 시작한다. 그렇다면 그렇게 스카우트된 목사가 과연 교인들에게 하나님의 말씀을 바르게 전할 수 있겠는가? 헌금액과 교인 수의 증가를 위해, 혹은 최소한 현상 유지를 위해, 바울의 경고처럼 교인들이 듣기 좋도록 복음에 불순한 당의정을 덧입혀 복음을 혼잡하게 하거나, 시내 광야의 아론처럼 금송아지가 우리를 구원해 주신 여호와 하나님이라고 우기지 않겠는가?

　　한국 교회 타락의 가장 큰 원인 중의 하나가 만연한 담임목사 스카우트의 악순환이다. 시골 교회 목사는 도시 교회로, 소도시 교회의 목사는 대도시 교회로, 대도시 교회 목사는 대형 교회 목사로, 남미의 한인 교회 목사는 미국 한인 교회로, 미국 한인 교회 목사는 국내 대형 교회로 스카우트되기 위해 호시탐탐 기회를 노리면서도, 그것을 조금도 이상하게 여기지 않는다. 그리고 그런 목사일수록 교인들이 들어야 할 하나님의 말씀을 전하는 것이 아니라, 교인들이 달콤하게 듣기 원하는 말을 하기 위해 하나님의 말씀에 더 짙은 당의정을 덧입힌다. 한국 교회의 타락과 신뢰 상실은 결코 우연한 일이 아니다. 그것은 연쇄적인 담임목사 스카우트의 악순환을 당연하게 여겨 온 한국 교회의 자업자득이다.

　　그러므로 그 악순환의 고리를 끊지 않는 한, 한국 교회 개혁은 요원할 것이다. 교회 개혁의 제1대상은 언제나, 지금 담임하는 교회보다 더 큰 교회를 노리는 목사 자신이다. 그런 목사에게 목전의 교인은 섬김의 대상이 아니라, 자기 영달을 위한 수적(數的) 수단에 지나지 않을 것이다. 그대가 교인들을 머릿수로만 대하는 한, 그 결과로 그대가 지금 큰 교회를 담임하고 있다 해도, 하나님 보시기에 그대는 교인들을 영적으로 질식시키며 한국 교회의 미래를 허물어트리는 종교 장사꾼에 지나지 않을 것이다. 교인들의 머릿수 증가를 위해 복음에 불순한 당의정을 누구보다 열심히 덧입히는 목사가 바로 그대일 것이기 때문이다.

그대가 지금 담임하는 교회는 그대가 선택한 교회가 아니다. 하나님께서 그대를 믿으시고 그대에게 맡기신 교회다. 그 교회 '교인들을 위한 어부'로 그대의 삶을 바치라고 말이다. 그러므로 그대에게는 그 교회가 그대의 '땅끝'이다. 그대는 그대의 임기가 다하기까지, 그대의 생명을 걸고 그대의 '땅끝'인 그 교회를 지켜야 한다. 더 이상 다른 교회를 넘보거나 기웃거리지 말라. 지금부터 그대의 '땅끝'인 교회 '교인들을 위한 어부'가 되라. 그들을 섬기기 위해 그대의 뼈가 으스러지기까지 그대의 삶을 던지라. 그들에게 하나님의 말씀을, 말씀 그대로 온전히 전하기 위해 밤낮으로 그대의 진액을 짜라. 그리고 주일 예배 시간에 교인들과 일일이 눈을 맞추며 그들의 마음 판에 하나님의 말씀을 깊이 새겨 주라. 주님의 역사가 어찌 그대와 함께하지 않겠는가?

잊지 말라. 세계의 역사는, 하나님의 말씀을 이용하여 자기 영달을 꾀하던 예루살렘 엘리트들이 아니라, 자신의 '땅끝'에서 주님의 증인으로 살기 위해 기꺼이 자신들의 생명을 걸었던 갈릴리의 세리와 어부들에 의해 새로워졌다. 큰 교회를 목회해야 큰일을 할 수 있다는 것은 교회를 기업으로 곡해한 맘몬의 유혹일 뿐, 결코 주님의 방법이 아니다. 그대가 지금 담임하는 교회가 비록 작은 교회여도, 그대가 주님께서 맡겨 주신 그 교회를 위해 그대의 생명을 거는 한, 주님께서는 그대와 그대의 교회를 통로로 삼아 한국 교회와 우리 사회의 미래를 반드시 새롭게 하실 것이다. 이것이 하나님의 말씀인 성경 육십육 권의 약속이다. 이 약속을 믿는 목사가 더 큰 곳을 탐한 레위 청년 짝퉁 제사장과는 본질적으로 결이 다른, 명실상부한 진짜 목사다.

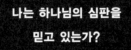

나는 하나님의 심판을

믿고 있는가?

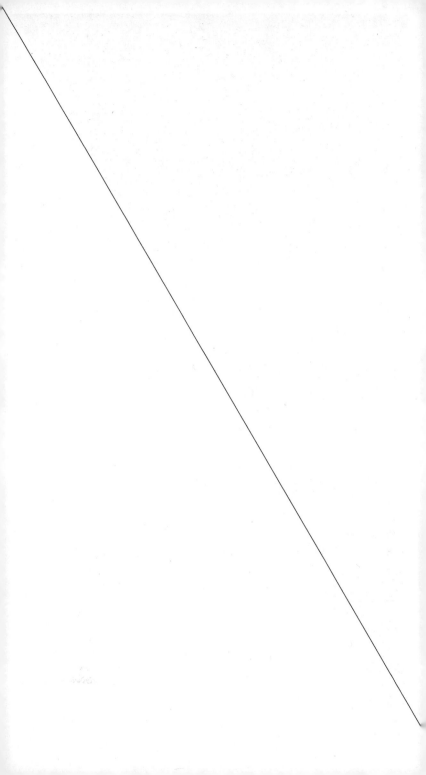

하나님께서는 목석이 아니시다. 아론이 하나님이라고 우겼던 금송아지, 혹은 에브라임 산지의 미가가 하나님이라며 자신의 신당에 모신 신상과 같은 우상이 아니시라는 말이다. 하나님께서는 살아 계신 영이시다. 그러므로 하나님께서는 언제 어디서나 그대와 나의 일거수일투족을 다 보고 계신다. 그대와 내가 하나님을 잊고 있는 순간에도, 하나님께서 우리를 보고 계시지 않는 것은 아니다. 만약 우리가 교인들을 자기 야망 충족의 수단으로 삼고, 현재의 목회를 보다 더 큰 교회로 옮겨 가기 위한 징검다리로 이용하고 있다면, 두말할 것도 없이 그 모든 것 역시 하나님께서 다 보고 알고 계신다. 그렇다면 하나님께서, 목사의 직함으로 그와 같이 그릇된 삶을 거리낌 없이 반복하는 그대와 나를 그냥 내버려 두시겠는가?

다음은 에스겔서 34장 1-6절을 통한 하나님의 말씀이다.

여호와의 말씀이 내게 임하여 이르시되 인자야 너는 이스라엘 목자들에게 예언하라 그들 곧 목자들에게 예언하여 이르기를 주 여호와께서 이같이 말씀하시되 자기만 먹는 이스라엘 목자들은 화 있을진저 목자들이 양 떼를 먹이는 것이 마땅하지 아니하냐 너희가 살진 양을 잡아 그 기름을 먹으며 그 털을 입되 양떼는 먹이지 아니하는도다 너희가 그 연약한 자를 강하게 아니하며 병든 자를 고치지 아니하며 상한 자를 싸매 주지 아니하며 쫓기는 자를 돌아오게 하지 아니하며 잃어버린 자를 찾지 아니하고 다만 포악으로 그것들을 다스렸도다 목자가 없으므로 그것들이 흩어지고 흩어져서 모든 들짐승의 밥이 되었도다 내 양 떼가 모든 산과 높은 멧부리에마다 유리되었고 내 양 떼가 온 지면에 흩어졌으되 찾고 찾는 자가 없었도다

하나님의 이 말씀을 요즈음 말로 풀이해 보자.

'하나님 보시기에 대부분의 목사들은 교인들의 지갑을 쥐어짜 자기들 배와 주머니만 불리고 있다. 교인들에게 말씀의 양식을 제대로 먹이려고 자신의 진액을 빼는 목사는 없다. 오히려 교인들 귀만 즐겁게 해주려 복음에 불순한 당의정을 덧입히거나, 금송아지를 하나님이라고 우기는 목사들이 판을 치고 있다. 영적 기갈을 당한 교인들은 참된 양식을 찾아 사방을 헤매다가, 더 흉악한 이단의 밥이 되고 있다.'

이것이 하나님께서 파악하신 목사들의 실상이라면, 당신의 백성을 갈취하는 목사들을 하나님께서 가만히 두실 리가 없지 않은가? 하나님의 말씀은 계속 이어진다.

그러므로 목자들아 여호와의 말씀을 들을지어다 주
여호와의 말씀에 내가 나의 삶을 두고 맹세하노라 내
양 떼가 노략 거리가 되고 모든 들짐승의 밥이 된 것
은 목자가 없기 때문이라 내 목자들이 내 양을 찾지
아니하고 자기만 먹이고 내 양 떼를 먹이지 아니하였
도다 그러므로 너희 목자들아 여호와의 말씀을 들을
지어다 주 여호와께서 이같이 말씀하시되 내가 목자

들을 대적하여 내 양 떼를 그들의 손에서 찾으리니 목
자들이 양을 먹이지 못할 뿐 아니라 그들이 다시는
자기도 먹이지 못할지라 내가 내 양을 그들의 입에서
건져내어서 다시는 그 먹이가 되지 아니하게 하리라
(겔 34:7-10).

하나님의 무시무시한 경고의 말씀이다. 하나님께서
는, 자기 배를 채우기 위해 교인들을 갈취하는 목사들을
당신이 직접 대적할 것이라고 당신의 삶을 두고 맹세하
셨다. 하나님께서 대적하시면 어느 목사인들 이길 수 있
겠는가? 그런데도 하나님께서는 반드시 그렇게 하시겠
다고 당신의 삶을 두고 맹세하셨다. 교인들을 갈취하여
자기 배를 불리는 목사들이 다시는 그런 짓을 하지 못하
게 하시겠다고, 하나님께서 당신의 삶을 두고 친히 맹세
하신 것이다. 하나님께서 이 땅의 목사들을 사랑하고 계
심이 분명하다.

목사가 교인을 자기 야망 충족을 위한 수단으로 삼
을 때, 하나님께서 그렇듯 목사에게 채찍질을 하셔야 목
사가 바른 목회의 길로 되돌아서 목사직을 올곧게 수행
하지 않겠는가? 목사가 자신의 야망을 위해 교인들을 갈

취하는데도 하나님께서 그 목사를 마냥 내버려 두신다면, 그것은 결코 그 목사의 복이 아니다. 그것은, 하나님께서 그 목사를 아예 버리셨음을 의미한다. 그보다 더 무서운 하나님의 심판은 없다.

구약에는 그릇된 지도자에 대한 하나님의 심판이 헤아릴 수 없이 많이 언급되어 있다. 사람들은 흔히 심판을 구약 시대의 전유물로 오해한다. 은혜의 신약 시대에는 심판이 없다는 것이다. 목사들도 예외는 아니다. 목사들이 정녕 하나님의 심판을 믿는다면, 종교 장사꾼처럼 교인들을 자기 야망 충족의 수단으로 이용하는 일은 절대로 일어날 수 없을 것이다. 심판은 과연 구약 시대의 전유물인가? 은혜의 신약 시대는 심판과는 무관한가? 결코 그렇지 않다.

세 번째 전도여행을 끝낸 바울이 가이사랴의 감옥에 갇혀 있을 때다. 총독 벨릭스가 아내 드루실라와 함께 바울을 호출하였다. 유대 여자 드루실라는 벨릭스 총독의 세 번째 아내였다. 헤롯 대왕의 손녀이자 헤롯 아그립바 1세의 딸인 드루실라에게도 벨릭스는 세 번째 남편이었다. 이를테면 벨릭스와 드루실라 모두 사생활이 문란한 셈이었다. 그들이 바울에게 '그리스도 예수 믿는 도'에 대해 물었다. 그리스도를 믿는 믿음의 요체가 무엇인지 질문한 것이다. 그에 대한 바울의 대답은 다음과 같았다.

> 바울이 의와 절제와 장차 오는 심판을 강론하니(행 24:25상).

바울은 그리스도를 믿는 믿음의 요체, 다시 말해 기독교의 요체를 세 단어로 표현하였다. 첫째 '의', 둘째 '절제', 셋째 '심판'이었다. 기독교의 요체를 이보다 더 간단명료하게 표현할 수는 없을 것이다. 나는 그동안 여러 책을 쓰면서 바울의 이 증언을 토대로 '심판'을 강조해 왔다. 바울이 '심판'을 그리스도를 믿는 믿음의 요체라고 증언한 사실은, '심판'이 구약 시대의 전유물이 아님을 밝혀 주고 있다. 바울에 따르면, '심판'을 제외하면 기독교의 요체는 아예 성립될 수 없다.

바울이 기독교의 세 요체 가운데 첫 번째로 언급한 '의'(δικαιοσύνη)는, 그가 기록한 로마서에 의하면 하나님과의 '바른 관계'이다. 누구든지 예수 그리스도 안에서 창조주이신 하나님과 '바른 관계' 속에서 살아가면, 그의 삶을 통해 거룩하신 하나님의 의는 절로 드러나기 마련이다. 그리스도인이 말씀과 기도를 통해 신앙훈련을 되풀이하는 것은, 예수 그리스도 안에서 하나님과의 바른 관계를 통해 하나님의 의를 드러내기 위함이다.

바울이 기독교의 세 요체 가운데 두 번째로 언급한 단어가 우리말 성경에는 '절제'라고 번역되어 있다. '절제'의 사전적 의미는, '정도에 넘지 아니하도록 알맞게 조절하여 제한함'이다. 이를테면 '절제'는 '절약' 혹은 '조절'과 동의어인 셈이다. 부모가 돈을 흥청망청 뿌려대는 자식에게 '절제하라'고 말하면, 그것은 돈을 좀 '절약하라'는 말이다. 아내가 술독에 빠져 사는 남편에게 술 좀 '절제하라'고 말한다면, 그것은 술을 적당하게 '조절하라'는 뜻이다. 그러나 바울이 언급한 헬라어 '엥크라테이아'(ἐγκράτεια)는 그런 뜻이 아니다. '엥크라테이아'는 '극기' 혹은 '자기통제'를 뜻한다. 다시 말해 하지 말아야 할 것을 제쳐 버리거나, 칼로 무를 자르듯 아예 잘라 버리는 것이다. 하나님을 믿는다면서도 마땅히 잘라야 할 것을 잘라 내지 않고 도리어 품고 산다면, 그 사람이 하나님과 바른 관계를 맺은 그리스도인일 수는 없다.

바울이 기독교의 세 가지 요체 가운데 마지막으로 언급한 단어가 바로 '심판'이다. '심판'은 바울이 처음 사용한 단어가 아니다. 바울이 그의 서신서에서도 여러 차례 언급한, 우리말 '심판'을 뜻하는 헬라어 명사 '크리마' (κρίμα)는 본래 예수님께서 사용하신 단어다.

> 예수께서 이르시되 내가 심판하러 이 세상에 왔으니 보지 못하는 자들은 보게 하고 보는 자들은 맹인이 되게 하려 함이라 하시니(요 9:39).

이 구절에서 예수님께서 말씀하신 '심판'이 헬라어 원전에 '크리마'(κρίμα)로 기록되어 있다. 다음 두 구절이 보여 주듯이, 예수님께서 명사 '크리마'의 동사형 '크리노'(κρίνω)도 사용하셨음은 두말할 나위도 없다.

> 내가 아무 것도 스스로 할 수 없노라 듣는 대로 심판하노니 나는 나의 뜻대로 하려 하지 않고 나를 보내신 이의 뜻대로 하려 하므로 내 심판은 의로우니라(요 5:30).

예수께서 이르시되 내가 진실로 너희에게 이르노니
세상이 새롭게 되어 인자가 자기 영광의 보좌에 앉을
때에 나를 따르는 너희도 열두 보좌에 앉아 이스라엘
열두 지파를 심판하리라(마 19:28).

'심판'은 바울이, 사생활이 문란한 벨릭스 총독과 드
루실라에게 단순히 겁을 주기 위해 그냥 해본 말이 아니
었다. 예수님께서도 언급하신 '심판'은 바울이 강론한
것처럼, '의' 그리고 '자기통제'와 함께 그리스도를 믿
는 믿음의 핵심적 요체이다. 바울에게 믿음의 핵심적 요
체에 대한 강론을 직접 들은 벨릭스 총독과 드루실라는,
이를테면 주님을 영접할 절호의 기회를 얻은 셈이었다.
하지만 그 두 사람의 반응은 우리의 예상이나 기대와는
전혀 달랐다.

벨릭스가 두려워하여 대답하되 지금은 가라 내가 틈
이 있으면 너를 부르리라 하고(행 24:25하).

당시 이방종교의 사제들은 권력자들에게 항상 듣기
좋은 말로 아부를 일삼았다. 그들은 참과 거짓을 분별하

지 않았기에, 굳이 권력자에게 거슬리는 말을 하여 화를 자초할 까닭이 없었다. 벨릭스 총독이 감옥에서 바울을 불러내어 그리스도를 믿는 믿음의 요체에 대해 물을 때만 해도, 그는 으레 바울의 덕담과 칭송을 기대하였을 것이다. 하지만 그의 예상과는 달리 바울이 '의', '자기통제', '심판'을 강론하자, 벨릭스 총독은 두려움에 사로잡혀 바울을 즉각 물리치고 말았다. 탐관오리이자 사생활마저 문란했던 벨릭스가 평소 '의', '자기통제', '심판'과는 거리가 먼 사람이었던 만큼 그에 대한 바울의 강론, 특히 그가 한 번도 생각해 본 적이 없었던 하나님의 '심판'에 대한 강론은 그를 두려움에 사로잡히게 하기에 충분하였다. 그러나 그의 두려움은 그리 오래가지 않았다.

동시에 또 바울에게서 돈을 받을까 바라는 고로 더 자주 불러 같이 이야기하더라(행 24:26).

벨릭스 총독은 그를 사로잡았던 두려움을 까맣게 잊어버리고 말았다. 두려움의 동기였던 바울의 강론, 즉 바울이 언급한 '의', '자기통제', '심판'을 송두리째 망각한 결과였다. 두려움으로 바울을 물리쳤던 벨릭스 총독은 그 이후에는, 도리어 바울에게 뇌물을 받을 심산으로 감옥 속의 바울을 더 자주 호출하였다. 요즈음도 그렇지만, 2천 년 전에도 신흥종교는 돈과 불가분의 관계를 맺고 있었다. 바울을 신흥종교의 지도자로 여긴 벨릭스 총독은 바울에게 돈이 많을 것이라고 믿었다. 당시에는 관리들이 뇌물을 받고 범법자를 풀어 주는 일이 다반사였으므로, 불의한 벨릭스 총독이 바울 역시 자신의 석방을 위해 뇌물을 바칠 것으로 기대한 것이다. 그러나 벨릭스 총독이 바울을 계속 호출해 내어도, 바울에게는 뇌물을 바칠 기미가 조금도 보이지 않았다. 괘씸하게 여긴 벨릭스 총독은 바울을 이 년 동안이나 구금 상태로 내버려 두었다.

바울은 이천 년 기독교 역사상 가장 위대한 사도이지 않은가? 벨릭스는 총독 법정에서 그 위대한 사도 바울의 자기 변증을 공식적으로 들었고, 그리스도를 믿는 믿음의 요체에 대한 그의 강론을 개인적으로 들었을 뿐 아니라, 사적인 면담도 여러 차례나 가졌다. 이천 년 전 로마제국의 고위 관리들 가운데 벨릭스 총독만큼 바울을 자주 만난 사람은 없었을 것이다. 그것은 하나님께서 벨릭스에게 베풀어 주신 구원의 기회였다. 하지만 바울의 강론에 그는 잠시 두려움에 사로잡혔을 뿐, 돈에 대한 집착을 떨쳐 버리지 못해, 돈보다 더 귀한 구원의 기회를 스스로 내팽개치고 말았다. 바울이 그에게 강론했던 '의', '자기통제', '심판'을 믿음으로 받아들였던들 결코 범치 않았을 치명적인 과오이자 무지였다.

그러나 어떤가? 이 어리석은 벨릭스 총독이 그대와 나를 포함하여, 실은 이 땅의 목사들의 실상인 것은 아닌가? 목사치고 믿음의 요체가 '의', '자기통제', '심판'임을 알지 못하는 목사는 없다. 성경에서 하나님의 '심판'에 대한 구절과 대면하면, 목사들 역시 두려움을 느낄 것이다. 그러나 그 순간뿐이다. 언제 하나님의 '심판'을 두려워했느냐는 듯, 대부분의 목사들이 '의', '자기통제', '심판'과는 거리가 먼, 자신들의 욕망을 위해 하나님의 이름으로 포장한 맘몬을 좇고 있다. 그 이유가 무엇일까? 대부분의 목사들이 믿음의 요체가 '의', '자기통제', '심판'인 것을 알긴 하면서도, 왜 그 믿음의 요체를 삶의 실천으로 본을 보이지는 못하는가? 믿음의 요체는 '의', '자기통제', '심판'이지만, 믿음의 진전은 그 역순으로 진행됨을 자각하지 못한 까닭이다.

가령 교사가 학생들에게 모의고사 날짜를 공지했다고 하자. 모의고사를 가볍게 여기거나 평소 교사의 말을 우습게 여기는 학생이라면, 교사의 모의고사 날짜 공지가 그의 일상에 아무 영향을 미치지 못할 것이다. 그 학생은 평소처럼 놀고 싶은 대로 놀고, 하고 싶은 것 다하다가, 두말할 필요도 없이 시험을 망칠 것이다. 반면에 교사의 모의고사 날짜 공지를 무겁게 받아들인 학생은 놀고 싶은 자신을 '극기'하면서, 모의고사 준비에 방해가 되는 것은 무엇이든 제쳐 버리는 '자기통제'를 수반할 것이다. 그리고 그 대가로 바람직한 결과를 누리게 될 것이다.

믿음이 진전하는 과정도 이와 똑같다. 하나님의 '심판'을 믿는 사람만, 다시 말해 하나님의 '심판'을 무겁게 받아들이는 사람만, 언제 닥칠지 모를 하나님의 '심판'에 대비하여 욕망에 굴복하려는 자신을 '극기'하면서, 하지 말아야 할 것을 주저 없이 제쳐 버리는 '자기통제'의 삶이 가능하다. 그리고 그 결과로, 하나님과 '바른 관계'를 누리며 하나님의 '의'를 드러내는 삶을 살 수 있다. 그러므로 목사가 '의'와 '자기통제', '심판'을 설교

는 하면서도 정작 자신이 실천하지는 않는다면, 입으로
는 쉬지 않고 하나님을 말하면서도 삶으로는 계속 욕망
의 맘몬을 좇는다면, 그 까닭은 오직 하나일 수밖에 없
다. 그가 하나님의 '심판'을 입으로 언급하긴 하지만, 그
러나 하나님의 '심판'을 실제로 믿지는 않기 때문이다.

다음은 '심판'에 대한 주님의 말씀이시다.

아버지께서 죽은 자들을 일으켜 살리심 같이 아들도
자기가 원하는 자들을 살리느니라 아버지께서 아무
도 심판하지 아니하시고 심판을 다 아들에게 맡기셨
으니 이는 모든 사람으로 아버지를 공경하는 것 같이
아들을 공경하게 하려 하심이라 아들을 공경하지 아
니하는 자는 그를 보내신 아버지도 공경하지 아니하
느니라(요 5:21-23).

아버지께서 자기 속에 생명이 있음 같이 아들에게도
생명을 주어 그 속에 있게 하셨고 또 인자됨으로 말미
암아 심판하는 권한을 주셨느니라 이를 놀랍게 여기
지 말라 무덤 속에 있는 자가 다 그의 음성을 들을 때
가 오나니 선한 일을 행한 자는 생명의 부활로, 악한

일을 행한 자는 심판의 부활로 나오리라(요 5:26-29).
내가 아무 것도 스스로 할 수 없노라 듣는 대로 심판
하노니 나는 나의 뜻대로 하려 하지 않고 나를 보내
신 이의 뜻대로 하려 하므로 내 심판은 의로우니라(요
5:30).

주님의 말씀 중 '심판하다'라는 동사는 앞에서 살펴
본 것처럼 헬라어로 '크리노'(κρίνω)이고, 명사 '심판'은
동사 '크리노'의 또 다른 명사형인 '크리시스'(κρίσις)이
다. 이처럼 주님께서는 그 누구도 오해하거나 착각할 수
없는 명확한 단어로 '심판'을 강조하셨다.

하나님의 '심판'은, 믿지 않는 사람에게는 멸망이다.
반면에 주님을 믿는 사람에게 하나님의 '심판'은, 주님
께서 마태복음 25장의 달란트 비유를 통해 일러 주신 것
처럼 하나님의 '셈하심'이다. 주인이 자신의 달란트를
맡긴 하인들과 그 결과를 일일이 셈하듯, 그대와 나를
목사로 세우고 당신의 자녀들을 맡기신 하나님께서도
우리가 그들을 어떻게 섬기고 지켰는지 반드시 셈하신
다. 달란트 비유에서 주인이 셈한 결과는 다음과 같았다.

무릇 있는 자는 받아 풍족하게 되고 없는 자는 그 있
는 것까지 빼앗기리라 이 무익한 종을 바깥 어두운 데
로 내쫓으라 거기서 슬피 울며 이를 갈리라 하니라(마
25:29-30).

그대를 목사로 세우신 하나님께서 그대의 목회 역시
이렇게 셈하실 것을 그대는 진정으로 믿고 있는가? 주님
께서는 하나님의 '심판', 즉 '셈하심'을 다양한 표현으로
여러 차례에 걸쳐 언급하셨다.

이미 도끼가 나무 뿌리에 놓였으니 좋은 열매를 맺지
아니하는 나무마다 찍혀 불에 던져지리라 나는 너희
로 회개하게 하기 위하여 물로 세례를 베풀거니와 내
뒤에 오시는 이는 나보다 능력이 많으시니 나는 그의
신을 들기도 감당하지 못하겠노라 그는 성령과 불로
너희에게 세례를 베푸실 것이요 손에 키를 들고 자기
의 타작 마당을 정하게 하사 알곡은 모아 곳간에 들이
고 쭉정이는 꺼지지 않는 불에 태우시리라(마 3:10-12).

거짓 선지자들을 삼가라 양의 옷을 입고 너희에게 나

아오나 속에는 노략질하는 이리라 그들의 열매로 그들을 알지니 가시나무에서 포도를, 또는 엉겅퀴에서 무화과를 따겠느냐 이와 같이 좋은 나무마다 아름다운 열매를 맺고 못된 나무가 나쁜 열매를 맺나니 좋은 나무가 나쁜 열매를 맺을 수 없고 못된 나무가 아름다운 열매를 맺을 수 없느니라 아름다운 열매를 맺지 아니하는 나무마다 찍혀 불에 던져지느니라 이러므로 그들의 열매로 그들을 알리라(마 7:15-20).

나를 저버리고 내 말을 받지 아니하는 자를 심판할 이가 있으니 곧 내가 한 그 말이 마지막 날에 그를 심판하리라(요 12:48).

나는 포도나무요 너희는 가지라 그가 내 안에, 내가 그 안에 거하면 사람이 열매를 많이 맺나니 나를 떠나서는 너희가 아무 것도 할 수 없음이라 사람이 내 안에 거하지 아니하면 가지처럼 밖에 버려져 마르나니 사람들이 그것을 모아다가 불에 던져 사르느니라 (요 15:5-6).

그러나 내가 너희에게 실상을 말하노니 내가 떠나가는 것이 너희에게 유익이라 내가 떠나가지 아니하면 보혜사가 너희에게로 오시지 아니할 것이요 가면 내가 그를 너희에게로 보내리니 그가 와서 죄에 대하여, 의에 대하여, 심판에 대하여 세상을 책망하시리라 죄에 대하여라 함은 그들이 나를 믿지 아니함이요 의에 대하여라 함은 내가 아버지께로 가니 너희가 다시 나를 보지 못함이요 심판에 대하여라 함은 이 세상 임금이 심판을 받았음이라(요 16:7-11).

내가 네 행위를 아노니 네가 차지도 아니하고 뜨겁지도 아니하도다 네가 차든지 뜨겁든지 하기를 원하노라 네가 이같이 미지근하여 뜨겁지도 아니하고 차지도 아니하니 내 입에서 너를 토하여 버리리라(계 3:15-16).

나더러 주여 주여 하는 자마다 다 천국에 들어갈 것이 아니요 다만 하늘에 계신 내 아버지의 뜻대로 행하는 자라야 들어가리라 그 날에 많은 사람이 나더러 이르되 주여 주여 우리가 주의 이름으로 선지자 노릇하며 주의 이름으로 귀신을 쫓아 내며 주의 이름으로 많은 권능을 행하지 아니하였나이까 하리니 그 때에 내가 그들에게 밝히 말하되 내가 너희를 도무지 알지 못하니 불법을 행하는 자들아 내게서 떠나가라 하리라(마 7:21-23).

그대는 목사로 안수받은 뒤에 이와 같은 주님의 말씀을 얼마나 곱씹어 보았으며, 그 말씀의 거울 앞에 몇 번이나 그대 자신을 비추어 추스렸는가?

구약성경 히브리어 원전에는 8,674개의 히브리어 단어가 등장한다. 그리고 신약성경 헬라어 원전에는 5,624개의 헬라어 단어가 사용되었다. 신구약을 통틀어 총 1만 4,298 단어가 사용된 셈이다. 1만 4,298 단어라면, 인간이 사용하는 단어는 거의 다 동원되었다고 해도 과언이 아닐 것이다. 웬만한 소설가도 한 작품에서 이 정도로 많은 단어를 구사하기는 쉽지 않을 것이다. 하지만 《비전의 사람》에서도 언급한 것처럼, 성경을 구성하고 있는 1만 4,298 단어 가운데 눈을 씻고 찾아보아도 '평등'(equality)이란 단어는 없다. '평등'은 성경의 단어가 아니다. 다시 말해 하나님은 '평등'의 하나님이 아니시다. 성경을 통해 당신을 계시해 주신 하나님은 '공평'(fairness)의 하나님이시다. 하나님께서 '공평'의 하나님이신 것은, 하나님께서 곧 '심판'의 하나님, '셈하심'의 하나님이시기 때문이다.

그러므로 하나님의 '심판', 하나님의 '셈하심'은 하나님의 '공평'으로 드러나고, 하나님의 '공평'의 핵심은 심은 대로 거두게 하시는 것이다.

> 스스로 속이지 말라 하나님은 업신여김을 받지 아니하시나니 사람이 무엇으로 심든지 그대로 거두리라 자기의 육체를 위하여 심는 자는 육체로부터 썩어질 것을 거두고 성령'을 위하여 심는 자는 성령으로부터 영생을 거두리라(갈 6:7-8).

심지도 않은 것을 거둘 수 있으리라 기대하는 것은 스스로 자기 자신을 속이고, 또 자기 자신에게 스스로 속는 짓이다. 나아가 그것은 살아 계신 하나님을 업신여기는 행위다. '공평'하신 하나님의 '심판-셈하심'은, 어떤 역경 속에서도 영원한 진리를 심은 사람은 반드시 영원한 생명의 열매를 얻고, 아무리 그럴 듯하게 포장하여도 자기 육욕의 것을 심은 사람은 예외 없이 썩어 문드러질 죽음의 열매를 거두게 하시는 것이다.

'공평'하신 하나님의 '심판—셈하심'이 심은 대로 거두게 하시는 것이라면, 《내게 있는 것》에서 언급한 것처럼, 하나님의 '심판'은 먼 훗날의 이야기가 아니라 현재진행형으로 진행되고 있다는 사실을 알게 된다. '팥 심은 데 팥 나고 콩 심은 데 콩 난다'는 말은 불변의 진리다. 이것은 농부가 밭에 심은 팥 혹은 콩이, 결실의 날이 되어서야 비로소 팥과 콩의 모습으로 땅에서 불쑥 솟아난다는 말이 아니다. 농부가 밭에 팥을 심었다면, 그 팥은 지금 현재진행형으로 팥으로 결실되어 가고 있다. 농부가 콩을 심은 밭에서는, 바로 그 콩이 현재진행형으로 콩으로 자라나고 있을 것이다. 심은 대로 거두게 하시는 하나님의 '심판—셈하심'도 이처럼 언제나 현재진행형으로 진행되고 있음을 아는 것이 믿음의 지혜다.

가룟 유다는 삼 년 동안 예수님의 가르침을 직접 받은 열두 제자 가운데 한 명이었다. 인류 역사상 이 땅에 강림하신 메시아에게 그와 같은 특전을 받은 사람은 열두 제자가 유일하였다. 하지만 가룟 유다는 은 삼십 냥에 예수님을 배신하고 말았다. 예수님을 이용하여 자신의 삶에 육욕을 심은 것이다. 그 결과는 스스로 목을 매어 죽는 것이었다. 육욕을 심은 대로, 썩어 문드러질 죽음의 열매를 거둔 것이다. 그 죽음의 열매는 마지막 순간 뚝하고 떨어진 것이 아니다. 그가 육욕을 단호하게 제쳐 버리지 못하고 육욕에 사로잡히기 시작한 바로 그 순간부터, 정작 그의 삶 속에는 썩어 문드러질 죽음의 열매가 현재진행형으로 결실되기 시작한 것이다. 이것이 하나님의 '심판'이요, '셈하심'이다.

그러므로 어느 목사든지 하나님의 이 '심판'을 진정으로 믿지 못한다면, 결과적으로 바울이 언급한 '자기통제'와 '의' 역시 그 목사의 삶 속에 결실될 도리가 없다. 저속한 야망을 위해 거룩하신 하나님과 목사직을 이용하려는 자신을 이겨 낼 재간이 그에게는 있을 수 없다는 말이다.

나는 2018년 11월 18일, 100주년기념교회를 퇴임하고 당일 아내와 함께 경남 거창군 웅양면으로 낙향하였다. 그곳은 연고지가 아니다. 예전에는 그런 지명이 있는지도 몰랐다. 우리 부부는 오래전부터 퇴임 이후, 대한민국 어느 곳이든 평당 십만 원짜리 땅을 구할 수 있는 시골 마을을 생애 마지막 정착지로 삼기로 했다. 그리고 주님께서 우리 부부를 위해 예비해 두신 곳이 바로 그곳 산 중턱 마을이었다. 우리 부부는 평생 돈을 모으고 살지 않았으므로, 빚을 내어 집을 짓고 그 마을로 낙향하였다. 그 결과, 삼십여 년에 걸친 목회를 끝낸 우리 부부에게 남은 것은 평생 갚아야 할 빚이다. 세상적으로 표현하자면, 지난 삼십여 년 동안 밑지는 장사를 한 셈이다. 그러나 우리 부부는 후회하지 않는다. 모세가 어디 세상적으로 남는 장사를 했던가? 바울의 일생이 물질적으로 수지맞는 장사였던가? 그들은 우리 부부보다 훨씬 더 밑지는 장사를 하지 않았던가? 그래서 우리 부부는 일평생 교인들을 사랑한 대가로 얻은 빚을, 바울의 고백처럼(갈 6:17), 감사하게도 우리 부부의 삶 속에 남겨진 '예수의 흔적'으로 여긴다. 우리 부부가 그렇게 살아가는 것은 백치여서가 아니라, 하나님의 '심판'을, 하나님의 '셈하심'을, 정말 믿기 때문이다.

잊지 말라.

그대가 하나님의 '심판'을 믿기 전까지는, 그대는 직업인 혹은 종교 장사꾼을 탈피하여 바울처럼 소명인으로 살아갈 수는 없을 것이다.

그대가 하나님의 '심판'을 믿기 전까지는, 그대는 주일마다 교인들의 비위를 맞추기 위해 아론처럼 금송아지를 하나님이라고 설교할 것이다.

그대가 하나님의 '심판'을 믿기 전까지는, 그대는 주님의 길을 좇으며 그 길을 삶으로 보여 주는 '전도인'으로 살지는 못할 것이다.

그대가 하나님의 '심판'을 믿기 전까지는, 그대는 주님의 뜻을 바르게 헤아리기 위해 고독하게 하나님과 독대하는 자발적인 자기 격리의 삶을 체화하지는 못할 것이다.

그대가 하나님의 '심판'을 믿기 전까지는, 그대는 '교인들의 어부'로 살기보다는 주위 목사들과 연대하여 그대의 권리를 내세우려 할 것이다.

그대가 하나님의 '심판'을 믿기 전까지는, 그대는 진리보다 소위 '큰 교회'의 스카우트에 더 목말라할 것이다.

그대가 하나님의 '심판'을 믿기 전까지는, 그대는 주님의 거룩한 교회를 '강도의 소굴'로 망가트리게 될 것이다.

그대가 하나님의 '심판'을 믿기 전까지는, 그대가 거

둘 수 있는 것이라고는 고작 썩어 문드러질 죽음의 열매에 지나지 않을 것이다.

그대가 끝내 하나님의 '심판'을 믿지 않는다면, 그대를 셈하시고 심은 대로 거두게 하시는 하나님의 '심판'이 그대의 삶 속에서 지금 현재진행형으로 진행되고 있을 것이다.

그러나 그대가 하나님의 '심판'을 믿고 '자기통제'를 통한 하나님의 '의'를 드러내며 살아가는 목사라면, 그대가 비록 세상에서 말하는 소위 '작은 목회'를 하고 있어도, 하나님께서는 그대를 통로 삼아 한국 교회의 미래를 지금 현재진행형으로 새롭게 하고 계실 것이다. 하나님의 '심판'은 그대가 심은 대로, 그대로 하여금 거두게 하시는 것이기 때문이다. 진리에 반발하는 온갖 '결박과 환난'이 도사린 역경의 길 위에서도, 목사직을 올곧게 수행하려는 목사에게 소망이 끊어지지 않는 까닭이 바로 여기에 있다.

질문을 끝내며

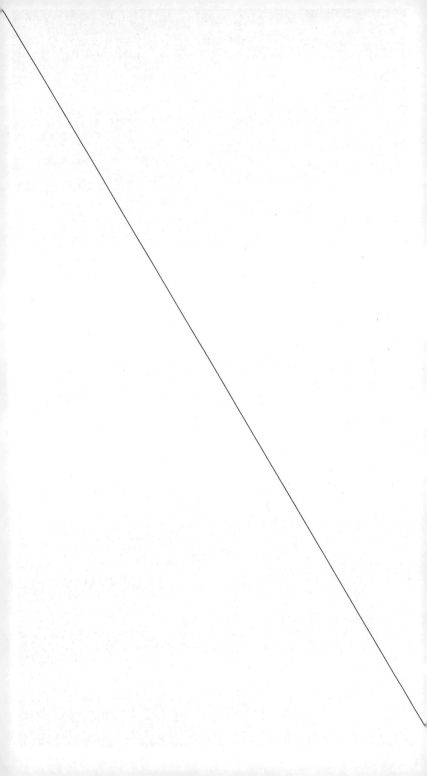

거창으로 낙향한 후 젊은 목사들과 식사하면서 있었던 일이다. 내가 1988년부터 만 십 년 동안 섬겼던 주님의교회가 화제에 올랐다. 당시 나는 강북에 살았고, 주님의교회는 강남에 소재하고 있었다. 지금도 그렇지만, 당시에도 강북과 강남 간의 교통 체증은 심각했다. 새벽마다 기도회를 인도한 내가 강북의 집으로 가서 아침 식사를 한 다음 다시 강남 소재의 교회로 출근하기 위해서는, 매일 길에서 엄청난 시간을 허비해야 했다. 일 분 일 초가 아쉬웠던 나에게는 그 시간이 너무 아까웠다. 그래서 나는 새벽기도회가 끝나면 사무실에서 선식가루로 아침 식사를 대신하곤, 곧장 교회 업무를 시작하였다. 새벽에 집을 나선 내가 하루의 업무를 모두 마치고 강북 소재의 집에 퇴근하면 언제나 한밤이었다. 그날 식탁 대화를 통해 그 사실을 알게 된 한 젊은 목사가, 그럼 그때 하루에 잠은 몇 시간이나 잤느냐고 내게 물었다. 길게는 네 시간에서 네 시간 반, 짧게는 세 시간에서 세 시간 반이었다는 나의 대답에, 그는 그렇게밖에 자지 않고 어떻게 버틸 수 있었느냐고 재차 물었다. 나는 그에게, 내가 아는 설렁탕집 주인 할머니의 이야기로 답해 주었다.

서울 신촌에 우리 가족이 즐겨 찾던 설렁탕집이 있었다. 대로변에서 벗어난 뒷골목에 위치한 데다 번듯한 간판도 없어, 전혀 눈에 띄지 않는 설렁탕집이었다. 하지만 장안의 설렁탕 애호가들이 원근 각지에서 그 집을 찾았다. 1960년대 초에 시작된 그 집 설렁탕의 진가는, 물론 설렁탕 속의 고기 맛도 유별났지만, 뭐니 뭐니 해도 국물에서 드러났다. 60년대 초에 시작된 이래 단 한 번도 불이 꺼진 적이 없는 대형 솥에서 고아져 나오는 설렁탕 국물은, 그 누구도 흉내 낼 수 없는, 그 집에서만 맛볼 수 있는 진국이었다. 그 진국은, 솥의 불을 끄지 않고 계속 고기와 뼈를 고기만 한다고 얻을 수 있는 것이 아니었다. 그 진국을 얻기 위해 설렁탕집 주인 할머니는 하루도 거르지 않고, 매일 새벽 3시에 대형 솥뚜껑을 열고 삽 모양의 대형 주걱으로 설렁탕 국을 저어 주었다. 국에서 누린내를 예방하기 위함이었다. 그래서 그 할머니는 젊은 시절 설렁탕집을 시작한 이래, 단 한 번도 집에서 잠을 자본 적이 없다고 했다. 식당에서 새우잠을 자면서, 매일 새벽 3시에 불 위의 설렁탕 국을 저어야 했기 때문이다. 설렁탕 애호가들이 사랑했던 그 집 진국은 주인 할머니의 그와 같은 지성의 산물이었다. 어느 날 내가 할머니에게 뒤를 이을 후계자가 있는지 여쭤어 보았다. 할머니는 없다고 대답하셨다. 자제분 중에 가업을 이을 자원자는 없느냐는 물음에는, 어느 자식이 일평생 매일 새벽 3시에 설렁탕 국을 젓겠느냐는 자조 섞인 대답을 하셨다. 2017년 말경, 오랜만에 그 설렁탕집을 찾았다가 깜짝 놀랐다. 수십 년 동안 그 자리를 지켜 온 설렁탕집이 다른 가게로 바뀌어 있었다. 할머니가 돌아가셨거나, 고령으로 몸져누우신 것이 분명했다. 매일 새벽 3시에 설렁탕 국을 저으시던 할머니가 계시지 않으니, 설렁탕집이 아예 문을 닫고 만 것이다. 수십 년 동안 그토록 수많은 사람들이 즐기던 할머니의 설렁탕 진국은, 안타깝게도 다시는 맛볼 수 없게 되고 말았다. 그 이후 어느 식당에서든 설렁탕을 먹을 때면, 나는 그 할머니가 생각난다. 매일 새벽 3시마다 지성으로 설렁탕 국을 젓던 할머니의 진국에 비하면, 소문난 식당의 설렁탕도 내겐 맹탕과 같다.

하루에 서너 시간만 자고 어떻게 버틸 수 있었느냐고 물은 젊은 목사에게 나는 그 할머니의 이야기를 들려주며, 목사가 교인들에게 말씀의 진국을 먹이기 위해서는 그 할머니처럼 잠을 덜 자는 수밖에 없지 않겠느냐고 반문하였다. 손님들에게 설렁탕 진국을 제공하기 위해 하루도 빠짐없이 식당에서 새우잠을 자며 새벽마다 3시에 일어나 국을 젓는 할머니보다 목사가 못할 수는 없지 않겠느냐고 말이다. 얼마 지나지 않아, 그날 그 자리에 동석해 있던 또 다른 젊은 목사로부터 메일이 왔다. 다음은 그중의 일부 내용이다.

목사님과 만남 이후에 제게 작은 변화가 있었습니다. 지난 1년 동안, 새벽예배 시간에 설교를 하지 않고, 말씀만 읽고 묵상의 시간을 가지고 기도와 찬양만 드리곤 했었습니다. 급하게 돌아가는 일정 속에 억지로 설교를 쥐어짜듯 하는 것 같아서, 나도 살고 성도들도 살자 싶어서 그렇게 예배 형식을 바꾸어 드렸습니다. 그 나름으로 괜찮다 싶어 지속해 왔는데 목사님을 만나 뵌 이후로 말씀의 설렁탕 이야기를 묵상하면서, 다른 시간을 줄여서라도 설교 준비할 시간을 갖자 싶었고, 2주 전부터 다시 새벽예배 설교를 시작했습니다. 과연 성도들은 하나님의 말씀 깨닫기를 목말라하고 있었구나! 저와 성도들 모두 새벽마다 하나님의 말씀 앞에서 은혜를 함께 누리고 있습니다. 진심으로 감사를 드립니다.

이것은, 목사가 달라지면 그와 정비례하여 교인도 달라진다는 좋은 본보기다. 목사가 잠을 덜 자면서까지 교인들에게 말씀의 진국을 먹이는데, 그 진국을 먹고 마시는 교인들이 어찌 달라지지 않겠는가? 그러므로 목사가 자신의 야망을 좇느라 맹탕 목회를 하면, 교인들 역시 맹탕 교인이 되기 마련이다.

'정신을 차리고 새롭게 시작한다'는 말을 영어로는 'pull one's socks up'이라고 표현한다. 이처럼 영어 표현으로 양말을 끌어 올리는 행위는 단순히 양말을 고쳐 신는 것만을 뜻하지 않는다. 한국인이 사랑하는 이영표 KBS 축구해설위원이 양말을 제조·판매하는 사회적 기업을 만들고, 회사 이름을 'Socks up'이라 명명하였다. 그리고 'Socks up'에서 제조한 양말 밑바닥에는 'Socks up'이란 문구가 크게 새겨져 있다. 이영표 해설위원은 그 이유와 취지를 다음과 같이 밝히고 있다.

하루는 축구를 보는데, 한 선수가
프리킥을 하기 전에 양말을 끌어 올리는
모습이 인상 깊게 다가왔습니다.

내려간 양말을 끌어 올리는, 나에겐
너무나도 무의식적인 그 행위가,
그 축구선수에게는 너무나도 중요한 다짐을
하는 무척이나 의식적인 행위였죠.

무의식과 의식을 결정짓는 것—
다른 마음가짐.

그 선수가 끌어 올리는 건 양말이 아닌,

사실 '다짐'이라는 깨달음,

그 깨달음에서 Socks-up이 탄생했습니다.

이 양말을 끌어 올리는 당신이

시들어진 열정을,

흩어졌던 정신을,

가라앉은 기분을,

처진 자신감을 끌어 올리는

마음의 변화가 찾아오기를 희망하며,

내면의 힘을 일깨워 주는 일상 속

상징을 만들고자 했습니다.

인생은 '발자취'로 비유됩니다.

절대적 빈곤에 처한 아이들에게 우리의

손을 내밀고 마음을 내주며 이 양말을

신은 여러분과 함께 Socks up의

발자취를 이 세상에 남기는 일.

그것이 발바닥에 Socks up 문구가

새겨진 이유입니다.

참 감동적인 내용이다. 이 글을 읽은 이후부터 아침마다 내가 양말을 신고 끌어 올리는 것은 더 이상 단순한 양말 착용 행위가 아니다. 아침마다 내가 양말을 신고 끌어 올리는 것은, 오늘도 목사 냄새를 풍기는 목사로 살자는 무언의 다짐이다.

우리 모두 다함께 우리의 심령을 'Socks up' 하자. 우리의 심령 깊은 곳에 'Socks up'을 새겨 넣자. 그리하여 우리 주님 걸어가신 길, 그 소명의 길에 그대와 나의 생명을 송두리째 던지자. 한국 교회와 우리 사회의 미래는 그 누구도 아닌, 올곧게 목사직을 수행하면서 목사 냄새를 풍기며 살아갈, 바로 그대와 나 자신에게 달려 있다.

나는 선한 목자라 선한 목자는 양들을 위하여 목숨을 버리거니와 삯꾼은 목자가 아니요 양도 제 양이 아니라 이리가 오는 것을 보면 양을 버리고 달아나나니 이리가 양을 물어 가고 또 헤치느니라 달아나는 것은 그가 삯꾼인 까닭에 양을 돌보지 아니함이나 나는 선한 목자라 나는 내 양을 알고 양도 나를 아는 것이 아버지께서 나를 아시고 내가 아버지를 아는 것 같으니 나는 양을 위하여 목숨을 버리노라 또 이 우리에 들지 아니한 다른 양들이 내게 있어 내가 인도하여야 할 터이니 그들도 내 음성을 듣고 한 무리가 되어 한 목자에게 있으리라 내가 내 목숨을 버리는 것은 그것을 내가 다시 얻기 위함이니 이로 말미암아 아버지께서 나를 사랑하시느니라 이를 내게서 빼앗는 자가 있는 것이 아니라 내가 스스로 버리노라 나는 버릴 권세도 있고 다시 얻을 권세도 있으니 이 계명은 내 아버지에게서 받았노라 하시니라(요 10:11-18).

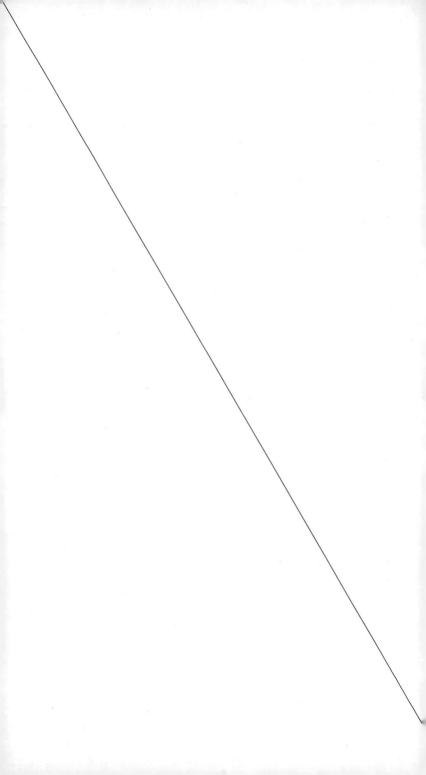

목사가 목사에게 던지는 7가지 질문

목사, 그리고 목사직

Pastor and Pastorship: A Pastor's 7 Questions to the Pastors

지은이 이재철
펴낸곳 주식회사 홍성사
펴낸이 정애주
국효숙 김의연 박혜란 송민규 오민택 임영주 차길환

2020. 5. 8. 초판 발행   2025. 3. 20. 8쇄 발행

등록번호 제1-499호 1977. 8. 1.
주소 (04084) 서울시 마포구 양화진4길 3
전화 02) 333-5161   팩스 02) 333-5165
홈페이지 hongsungsa.com   이메일 hsbooks@hongsungsa.com
페이스북 facebook.com/hongsungsa
양화진책방 02) 333-5161

ⓒ 이재철, 2020

ISBN 978-89-365-0369-7 (03230)